Short Selling and Margin Trading in China

Institution and Market Effects

融资融券

制度与市场效应

李志生 著

图书在版编目(CIP)数据

融资融券:制度与市场效应/李志生著.—北京:北京大学出版社,2020.1
ISBN 978-7-301-30735-9

Ⅰ.①融… Ⅱ.①李… Ⅲ.①证券投资 Ⅳ.①F830.91

中国版本图书馆 CIP 数据核字(2019)第 185995 号

书　　　名	融资融券:制度与市场效应
	RONGZI RONGQUAN：ZHIDU YU SHICHANG XIAOYING
著作责任者	李志生　著
责任编辑	杨丽明
标准书号	ISBN 978-7-301-30735-9
出版发行	北京大学出版社
地　　　址	北京市海淀区成府路 205 号　100871
网　　　址	http://www.pup.cn　新浪微博:@北京大学出版社
电子信箱	sdyy_2005@126.com
电　　　话	邮购部 010-62752015　发行部 010-62750672
	编辑部 021-62071998
印 刷 者	天津中印联印务有限公司
经 销 者	新华书店
	730 毫米×980 毫米　16 开本　15.25 印张　242 千字
	2020 年 1 月第 1 版　2020 年 1 月第 1 次印刷
定　　　价	59.00 元

未经许可,不得以任何方式复制或抄袭本书之部分或全部内容。
版权所有,侵权必究
举报电话: 010-62752024　电子信箱: fd@pup.pku.edu.cn
图书如有印装质量问题,请与出版部联系,电话: 010-62756370

前　言

20世纪90年代以来,全方位、多层次的资本市场创新给市场提供了极大的便捷和充足的流动性,对全球产业发展和经济增长起到了重要支撑作用。鉴于资本市场创新对金融和经济发展的重要性,学者们就资本市场创新的现状、发展和影响进行了大量研究,得出了很多有意义的成果(Merton,1992;Lerner,2006;Awrey,2013;Laeven,et al.,2015;Fostel and Geanakoplos,2016;Beck,et al.,2016)。

资本市场创新的蓬勃发展使得金融系统更加开放和复杂,其直接表现之一是全球金融资产价格波动显著加剧,导致金融市场不稳定,进而加剧经济不稳定。以上海股票市场为例,2000年以来,上证指数平均年化波动率为24.46%,2007—2008年全球金融危机期间则高达40.10%。2015年,我国股市再次出现罕见的震荡,上证指数年化波动率从2014年的17.17%上升至38.69%,而同期我国香港恒生指数和美国标准普尔500指数的年化波动率则分别为20.60%和15.43%。

在我国,自20世纪90年代证券市场建立以来,信用交易长期不被允许，卖空机制的缺乏造成了一系列诸如过度投机和暴涨暴跌等单边市问题①。随着我国金融改革的不断深化，一些金融创新也被逐步引入我国证券市场，诸如融资融券、股指期货、沪港通、深港通、创业板、分级基金、ETF期权、熔断机制之类的业务创新和产品创新层出不穷，投资标的和避险工具逐渐丰富。

  资本市场创新的目标是不断提高运行效率、防范和化解金融风险，但是这些目标的实现得益于有效的监管和适度的创新，监管不当或创新过度都可能加剧市场的低效和无序，极端情况下还会引发系统性金融风险。2015年，我国资本市场的牛市和股灾，上演了"千股涨停"和"千股跌停"的奇观。2015年6月中下旬，股票市场开始出现惨烈的连续暴跌，短短18个交易日，上证指数从5174点跌至3507点，下跌32.2%，中小板和创业板跌幅更是达到38.%和39.7%。此后，股市经过短暂震荡于8月中旬开始第二次更加急剧地下跌，主板、中小板和创业板在7个交易日分别下挫28.8%、26.8%和29.3%。为了恢复投资者信心、稳定市场预期和维护金融体系的整体安全，我国政府推出了诸多救市措施，包括降息降准、暂停IPO、调整融资融券规则、限制减持、限制股指期货交易、"国家队"持股交易等，市场有所恢复。但是，熔断机制的推出直接导致股市发生第三次崩盘，2016年开市后的连续两个交易日发生四次"熔断"，上证指数、深证成指和创业板指数分别下跌13.8%、15.9%和16.1%。半年时间内的三次大规模崩盘，使得股指下跌49%，累计蒸发市值约36万亿元人民币，相当于2015年我国GDP的52%，对国民财富造成了巨

---

  ① 1991—2015年，我国上证指数平均年化波动率为34.09%，而同期的美国标准普尔500指数和我国香港恒生指数的年化波动率分别只有16.80%和24.52%。

大冲击。

作为一种兼具杠杆和卖空交易特征的机制,融资融券具有典型的代表性意义。2010年3月31日,上海证券交易所和深圳证券交易所启动了融资融券交易试点,开始接受试点券商的融资融券交易申报,这标志着我国A股市场做空机制正式建立。自业务试点启动以来,沪深两市融资融券业务得到了长足发展,截至2017年12月,先后共有90多家券商获批参与融资融券业务,开展融资融券业务的营业部数量为10024家,融资融券客户数量为460万户。从交易量来看,截至2017年12月,沪深两市融资融券交易余额持续放量至10262.64亿元(其中,融资余额10217.58亿元,融券余额45.06亿元)。

我国资本市场有着许多与成熟市场不同的特征。从投资者结构来看,个人投资者一直是我国市场的主体,各类创新型金融交易的参与者也多以个人投资者为主。以股市和融资融券为例,截至2016年年底,我国股市5043.66万持仓投资者中的4946.33万户为自然人(占98.07%),开立融资融券信用账户的42.49万投资者中的42.39万户为个人投资者(占99.76%)。在实际市场中,个人投资者往往表现出信息不对称、投资知识缺乏、风险意识淡薄等特征,他们对创新型金融产品的结构特征和投资方法更是知之甚少,盲目参与交易,造成大量财富损失。另外,由于数量众多,个人投资者的非理性行为可能造成市场定价偏误和非理性波动,极端情况下甚至会放大资本市场创新的风险,导致市场崩溃。因此,采用科学的学术范式对融资融券交易的市场效应进行系统分析,将有利于我们总结这些市场实践的经验和不足,为相关政策的制定与调整提供理论和事实依据。

此外，近年来，我国金融市场的实践和经验在世界范围内受到广泛关注，本研究也有利于传播"中国经验"，为世界各国资本市场实践和制度创新提供借鉴。

与发达国家市场往往同时存在多种卖空途径[①]不同，我国市场作为新兴的资本市场，融券交易是目前唯一的针对特定股票的卖空交易方式。更为重要的是，我国股票市场只有一部分股票为融资融券标的，其他大部分股票并不能卖空，而且自融资融券交易试点推出以来，我国融资融券标的股票先后进行了多次微调。这些都为研究信用和卖空交易的市场效应提供了很好的环境，一方面有利于控制其他卖空途径对相关研究结果的干扰，另一方面有利于通过对比分析和事件分析得到更为稳健的结果。

本书从政策评估的角度，系统研究融资融券交易的市场效应。本书共分为7章：第1章介绍我国融资融券交易的制度背景；第2章从标的、投资者和市场交易的角度分析我国融资融券交易的现状和动态变化；第3章对证券市场金融创新相关研究的现状进行总结；第4章和第5章分别讨论融资融券交易对股票定价效率和价格稳定性的影响；第6章从现金持有价值和盈余管理的角度剖析融资融券的公司治理效应；第7章分别基于上市公司信息披露质量和分析师预测质量，研究融资融券交易内部信息治理和外部信息治理的作用。

笔者在写作过程中，得到了众多同事、学界朋友的大力支持。本书中的部分内容，在中国金融国际年会、中国金融学年会、中国金融工程学年会、中国青年金融学者联谊会等高水平会议，以及北京大

---

① 如融券交易、期货交易、期权交易等。

学、南京大学、武汉大学、东南大学、西南财经大学、中南财经政法大学等高校进行过汇报,获得了很多建设性意见和修改建议,很大程度上为本书的进一步完善与拓展提供了思路和灵感。

另外,中南财经政法大学的多位同事和学生,给予笔者大量的帮助和支持。其中,陈晨、杜爽、谢璧阳、马伟力、李好、朱雯君、邵杨楠、金凌等对相关资料的搜集、数据的处理、计量模型的实现以及研究结果的整理等做出了重要的贡献,笔者对他们优秀的助研工作表示感谢。

感谢北京大学出版社,特别是责任编辑杨丽明女士高效、细致的工作,使本书得以顺利出版。

本书得到国家社会科学基金重大项目(编号:19ZDA0061)、国家自然科学基金面上项目(编号:71771217)、产业升级与区域金融湖北省协同创新中心、中南财经政法大学一流学科建设基金的资助,在此表示感谢。

李志生
2019 年 6 月于武汉

目 录

1. 制度背景 …………………………………………………… (1)
   1.1 市场进程 ……………………………………………… (2)
   1.2 交易制度 ……………………………………………… (6)
   1.3 国际比较 ……………………………………………… (15)
   1.4 小结 …………………………………………………… (25)

2. 标的、投资者与市场交易 ………………………………… (27)
   2.1 标的证券与担保物 …………………………………… (27)
   2.2 投资者 ………………………………………………… (35)
   2.3 市场交易 ……………………………………………… (38)
   2.4 融资融券交易与收益率 ……………………………… (45)
   2.5 小结 …………………………………………………… (48)

3. 证券市场金融创新的研究现状 …………………………… (50)
   3.1 资本市场创新的经济效应 …………………………… (51)
   3.2 金融创新对金融市场及其参与者的影响 …………… (54)

3.3 有关卖空交易市场效应的研究 …………………………（60）
3.4 小结 ……………………………………………………（69）

4. 定价效率 ……………………………………………………（72）
   4.1 研究设计 ………………………………………………（73）
   4.2 融资融券交易对定价效率的影响 ……………………（81）
   4.3 转融通机制 ……………………………………………（92）
   4.4 影响机制 ………………………………………………（94）
   4.5 小结 ……………………………………………………（98）

5. 市场稳定性 …………………………………………………（99）
   5.1 研究设计 ……………………………………………（100）
   5.2 融资融券对价格稳定性的影响 ………………………（105）
   5.3 稳健性分析 …………………………………………（116）
   5.4 影响机制 ……………………………………………（119）
   5.5 小结 …………………………………………………（125）

6. 公司治理效应 ………………………………………………（126）
   6.1 理论机制与研究假设 ………………………………（127）
   6.2 研究设计 ……………………………………………（134）
   6.3 结果分析 ……………………………………………（138）
   6.4 进一步分析 …………………………………………（148）
   6.5 小结 …………………………………………………（159）

7. 信息治理效应 ……………………………………… (161)

    7.1 理论分析与研究假设 ……………………… (163)

    7.2 变量定义 …………………………………… (169)

    7.3 计量模型 …………………………………… (173)

    7.4 管理层信息披露质量 ……………………… (176)

    7.5 分析师盈利预测 …………………………… (185)

    7.6 小结 ………………………………………… (194)

文献列表 …………………………………………………… (196)

1. 制 度 背 景

资本市场是现代经济体系和金融市场的重要构成部分,是市场化配置资源的主战场。改革开放40年来,我国资本市场从无到有并日益壮大,对国企改革、融资结构优化、优秀企业培育等起到了重要作用。当前,我国资本市场已经进入创新发展和双向开放的新阶段,诸如融资融券、股指期货、ETF期权、分级基金、熔断机制、QFII制度、沪港通、深港通之类的业务创新和产品创新层出不穷,投资标的和避险工具逐渐丰富。全方位、多层次的创新和开放给市场提供了极大的便捷和流动性,对产业发展和经济增长起到了强大的支撑作用。

在近年来我国资本市场推出的诸多创新中,融资融券作为一种双向交易机制创新,符合资本市场创新的趋势和特点,具有典型意义和代表性。融资融券指的是投资者在提供保证金或担保物的前提下,向具有融资融券业务资格的证券公司或其他金融机构借入资金买入证券(融资交易)或借入证券并卖出(融券交易)的交易行为。融资融券交易在全球证券市场中是一项普遍实施的信用交易制度,是证券市场发挥功能的重要基础。一方面,融资融券交易对于市场流动性和信息效率有着重要影响,这能够提高证券市场的有效性和完备性;另一方面,融资融券交易也会影响相关参与者的行为。

1.1　市　场　进　程

我国 A 股市场自 20 世纪 90 年代建立以来,市场规模逐渐扩大,监管和政策不断健全。但是,由于信用交易和卖空机制长期不被允许,股票价格和投资者信心存在双重脆弱性,投资者过度投机,羊群效应严重,这导致股票价格经常性地暴涨暴跌和异常波动,在一定程度上损害了股票市场的功能。随着我国金融改革的不断深化,一些金融创新也被逐步引入我国证券市场中。2010 年 3 月 31 日,沪深两大交易所同时开启融资融券业务试点,开始接受试点券商的融资融券交易申报,这标志着我国 A 股市场信用交易制度的正式建立。作为一种兼具杠杆和卖空交易特征的机制,自推出以来,融资融券交易吸引了投资者的广泛参与,融资融券交易制度的实施效果也受到了监管层和学者们的关注。

在我国 A 股市场,融资融券经历了禁止期、试点启动期、发展期、2015—2016 年股灾期间的限制期等多个阶段。

1.1.1　禁止期

1999 年 7 月 1 日,《中华人民共和国证券法》(以下简称"原《证券法》")正式开始实施。原《证券法》第 36 条规定:"证券公司不得从事向客户融资或融券的证券交易活动";第 141 条规定:"证券公司接受委托卖出证券必须是客户证券账户上实有的证券,不得为客户融券交易。证券公司接受委托买入证券必须以客户资金账户上实有的资金支付,不得为客户融资交易。"这些条例从法律层面禁止了融资和融券交易。

1.1.2 试点启动期

2005 年 10 月 27 日,第十届全国人民代表大会常务委员会第十八次会议全面修订了原《证券法》,新《证券法》提出:"证券公司为客户买卖证券提供融资融券服务,应当按照国务院的规定并经国务院证券监督管理机构批准。"随后,中国证监会于 2006 年 6 月 30 日发布《证券公司融资融券业务试点管理办法》,沪深交易所于 2006 年 8 月 21 日公布了《融资融券交易试点实施细则》。2006 年 8 月 29 日,中国证券登记结算有限责任公司发布了《中国证券登记结算有限责任公司融资融券试点登记结算业务实施细则》。2006 年 9 月 5 日,中国证券业协会制定并发布了《融资融券合同必备条款》和《融资融券交易风险揭示书必备条款》,对融资融券合同签订双方之间的法律关系作出规范。2008 年 4 月 23 日,国务院正式出台《证券公司监督管理条例》和《证券公司风险处置条例》,对证券公司进行融资融券业务操作作出具体规定。

2010 年 3 月 31 日,经过 4 年的精心准备,融资融券交易试点正式启动。首批被批准进行融资融券交易的试点券商有 6 家,包括国泰君安证券、国信证券、光大证券、广发证券、中信证券和海通证券;

首批试点的融资融券交易标的股票共计 90 只,包括上证 50 指数成分股和深证成分指数成分股。

1.1.3 发展期

为健全融资融券交易机制,拓宽证券公司融资融券业务资金和证券来源,规范转融通业务及相关活动,防范转融通业务风险,中国证监会于 2011 年 10 月 26 日正式公布了《转融通业务监督管理试行办法》。2011 年 10 月 28 日,中国证监会批准设立中国证券金融股份有限公司(以下简称"证券金融公司"),其主要经营范围是为融资融券提供资金和证券的转融通业务,为开展转融通业务筹集资金和证券。证券金融公司的成立,标志着我国证券转融通业务开始进入实务操作阶段。

转融通是为证券公司开展融资融券业务但资金或证券不足时提供资金和证券来源的一种制度安排,包括转融资业务和转融券业务。在转融资业务中,资金持有者将资金借给证券公司,再由证券公司借给客户供其买入证券;在转融券业务中,持有证券的机构将证券借给证券公司,再由证券公司提供给客户供其卖出。

在我国 A 股市场,为证券公司提供资金和证券供其开展融资融券业务的机构为证券金融公司。《转融通业务监督管理试行办法》明确规定了证券金融公司的职责和组织架构、转融通业务规则、转融通资金和证券来源,同时也规范了转融通业务相关的证券权益处理,以及监督管理等事项。转融通业务的证券来源包括证券金融公司自有证券及取得担保权的证券、基金所持证券、保险机构所持证券、上市公司大股东所持证券、全国社保基金所持证券等方面,资金来源包括证券金融公司自有资金、证券公司自有资金及取得担保权的资金、投保基金可支配的资金、交易所及中登公司可支配的资金、定向发行债券及通过货币市场借入的资金等。

转融通业务的推出，在一定程度上解决了证券公司在进行融资融券业务时自有资金和证券不足的问题，使证券公司通过证券金融公司这个平台筹集资金和证券，有利于扩大融券业务的规模。

1.1.4 限制期

2015年6月中旬开始，A股市场发生了罕见股灾，半年时间内出现了三次大规模的崩盘。为了稳定市场预期和维护金融体系的整体安全，我国证券监管层推出了诸多救市措施，其中就包括对融资融券业务的相关调整和限制。

2015年7月1日，中国证监会发布《证券公司融资融券业务管理办法》，进一步强调了融资融券业务客户适当性的要求，将"最近20个交易日日均证券类资产不低于50万元"明确为开立信用账户的条件。与此同时，沪深交易所还同步发布了《融资融券交易实施细则》。这两个文件对融资融券业务主要进行了四个方面的修订：第一是建立逆周期机制来调节融资融券业务；第二是合理确定融资融券业务规模，要求证券公司融资融券业务规模不得超过其净资本的四倍；第三是允许融资融券合约展期，在维持现有合约不超过六个月的基础上，证券公司可以根据信用状况等因素和客户自主商定展期次数；第四是优化担保物的违约处置标准和方式，证券公司可以和客户自行商定补充担保物的期限与比例，同时也不再将强制平仓作为证券公司处置担保物的唯一方式。

2015年8月3日,沪深交易所同时发布公告,对《融资融券交易实施细则》进行修订。上交所规定"投资者在融券卖出后,需从次一交易日起方可偿还相关融券负债";深交所规定"投资者融券卖出后,自次一交易日起可以通过直接还券或买券还券的方式向会员偿还融入证券"。与原实施细则比较,修改后的版本增加了"自次一交易日起",意味着融券卖出和还券这一交易闭环从此前的"T+0"变更为"T+1"。在沪深交易所修改《融资融券交易实施细则》后,2015年8月4日,中信证券、华泰证券、国信证券、齐鲁证券、银河证券等多家证券公司发布公告,暂停融券卖出交易。

股灾过后,融资融券业务开始逐渐恢复。2016年2月,西南证券、东方证券、兴业证券等35家券商开始恢复融券卖出的业务。2016年3月,中国证券金融公司也开始恢复5个期限品种的转融资业务,并下调各期限的对应费率。

1.2 交易制度

融资融券业务交易制度主要由五个部分组成,即标的、交易权限、交易流程、保证金、风险和风险控制。标的证券是投资者可通过融入资金买入的证券和证券公司可对投资者融出的证券,交易所通常会按照一定的标准和依据对标的证券进行设定和调整。证券公司满足一定条件后,能够取得融资融券交易权限,从而在证券交易所从事融资融券业务。融资融券业务的交易流程主要发生在证券公司和客户之间,而在转融通业务中,证券金融公司作为中介人参与到交易流程中。证券公司在从事融资融券业务时,会向客户收取一定比例的保证金,保证金数量与融资融券的规模相关。从风险控制的角度看,融资融券业务具有比普通交易更复杂和更高的风险,监管层和投资者都需要做好风险防范措施。

1.2.1 标的

《证券公司融资融券业务管理办法》明确规定,"客户融资买入、融券卖出的证券,不得超出证券交易所规定的范围"。沪深交易所《融资融券交易实施细则》列示了股票成为融资融券标的证券需要满足的条件,其中主要包括:

(1) 在交易所上市交易超过3个月;

(2) 若为融资买入的标的股票,其流通股本不得少于1亿股或流通市值不得低于5亿元;若为融券卖出的标的股票,其流通股本不得少于2亿股或流通市值不得低于8亿元;

(3) 股东人数不少于4000人;

(4) 在过去3个月中未出现下列情形之一:

① 日均换手率低于基准指数日均换手率的15%,并且日均成交金额低于5000万元;

② 日均涨跌幅平均值与基准指数涨跌幅平均值的偏离程度大于4%;

③ 波动幅度在基准指数波动幅度的5倍以上。

(5) 发行股票的公司已经完成股权分置改革;

(6) 股票未被证券交易所实施风险警示;

(7) 证券交易所规定的其他条件。

从上述条件来看,证券交易所对于融资融券标的股票的选取,主要是基于股票流动性、换手率和波动幅度等因素,并不涉及对上市公司投资价值的主观判断。

对于上市开放式基金作为融资融券标的证券,证券交易所规定的条件主要包括以下五个方面:

(1) 上市交易超过5个交易日;
(2) 近5个交易日内基金平均资产规模不低于5亿元;
(3) 基金持有户数不少于2000户;
(4) 基金份额不存在分拆或者合并等分级转换情形;
(5) 交易所规定的其他条件。

如果融资融券标的证券为债券,则应当满足:

(1) 债券托管面值在1亿元以上;
(2) 债券剩余期限在一年以上;
(3) 债券信用评级达到AA级(含)以上;
(4) 交易所规定的其他条件。

自2010年融资融券业务试点启动以来,在满足上述条件的基础上,A股市场融资融券标的证券经历了数次扩容,有的融资融券标的证券因为不再满足上述条件而被剔除。

值得说明的是,如果某只标的证券被调整出融资融券标的范围,在调整实施前未完结的融资融券合同依然具有效力,会员证券公司及其客户也可以根据双方约定提前了结相关合约。

1. 制度背景

1.2.2 交易权限

证券公司从事融资融券业务,首先需要取得中国证监会对其开展融资融券的业务许可,然后向交易所申请融资融券交易权限,成为融资融券业务的会员公司。证券公司通过向交易所申请设立专用交易单元来取得融资融券交易权限,在此之前,证券公司需要向交易所报备融资专用资金账户、融券专用证券账户、客户信用交易担保资金账户和客户信用交易担保证券账户。证券公司可以申请新增融资融券专用交易单元,也可以将已有的处于中止状态的交易单元变更为融资融券专用交易单元。证券公司还须向交易所提交以下材料:

(1) 证监会批准进行融资融券的"经营证券业务许可证"或其他有关批准文件;

(2) 证券公司关于开展融资融券业务试点的实施方案以及融资融券业务内部管理制度等相关文件;

(3) 负责融资融券业务的高级管理人员、业务部门负责人、技术部门负责人以及指定的数据报送人员名单及其联络方式;

(4) 证券交易所、结算公司以及通信公司要求提交的其他材料。

此外,交易所还可根据需要,对申请融资融券业务权限证券公司的内部控制制度、风险管理措施、业务操作规范以及交易技术系统的安全运行状况等进行检查,这些也构成证券公司融资融券交易权限审核的重要依据。

1.2.3 交易流程

（1）融资融券交易流程

投资者在进行融资融券交易时，需要根据相关规定选择在一家交易所会员证券公司开立信用证券账户。在现行的融资融券业务中，证券公司针对投资者的开户标准通常为：在本公司开户满18个月，账户资金在50万元人民币以上，并需要客户提供相应的个人资产证明和个人信用证明。证券公司通过客户的一系列信息和对客户投资偏好的了解来制定信用评级，并根据客户不同的信用评级给予不同的保证金比例。

开立了信用证券账户的投资者根据图1-1和图1-2的流程进行融资交易和融券交易。

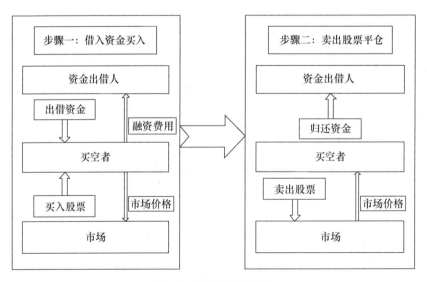

图1-1 融资交易流程

1. 制度背景

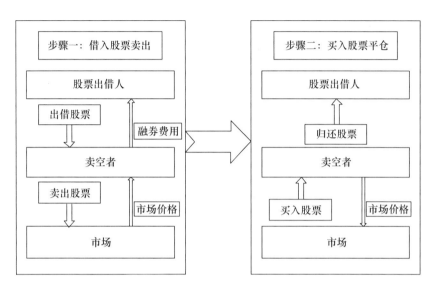

图 1-2　融券交易流程
资料来源：根据公开资料整理。

融资融券交易中买卖证券的申报数量须为100股(份)或其整数倍。为了控制信用风险，投资者与证券公司约定的融资融券交易的最长期限通常不会超过6个月。投资者卖出信用证券账户内证券所得的资金，将被优先用于偿还其未了结的融资余额。在未全部了结融券交易之前，投资者卖出其所融入证券获得的资金除用于了结该项融券交易外，不得用于其他用途。

（2）转融通交易流程

在转融通业务中，中国证券金融公司作为中介人参与到交易流程中，具体流程如图1-3所示。

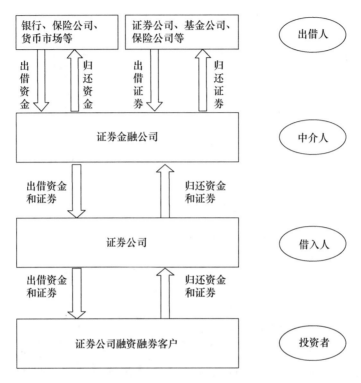

图 1-3 转融通交易流程
资料来源:根据公开资料整理。

1.2.4 保证金

保证金是融资融券交易中的一项核心制度规定。证券公司向客户提供融资融券业务时,需要向客户收取一定比例的保证金。保证金比例的大小直接决定了融资融券交易中杠杆率的大小,对资本市场和货币市场间的资金流动也有着重要影响。通常情况下,若保证金金额一定,保证金比例越高,那么证券公司向投资者融资融券的规模就越小,杠杆效应越低。

不同国家在引入融资融券交易制度时,都会根据本国资本市场的实际状况以及投资者的风险承受能力来制定一个较为合理的保证金比例,与此同时,保证金比例往往也会根据市场运行情况进行调整。合适的保证金比例不仅能够有效地控制风险,同时又不会影响市场的流动性和活力。过低的保证金比例会导致投资者过度融入资金或证券,过高的杠杆率会加大投资风险,同时也不利于市场的平稳发展;过高的保证金比例则会影响市场的流动性和活力,不利于提高投资者参与交易的积极性。

在融资融券交易中,保证金比例又分为融资保证金比例和融券保证金比例两类。融资保证金比例是指投资者进行融资交易时所缴保证金与其融资交易金额的比例,计算方法为:融资保证金比例=保证金/(融资买入证券数量×买入价格)×100%。如某投资者信用账户中有100万元保证金可用余额,融资保证金比例为50%,那么该投资者可买入200万元市值(100万元÷50%)的证券。融券保证金比例是指投资者进行融券交易时所缴保证金与其融券交易金额的比例,计算方法为:融券保证金比例=保证金/(融券卖出证券数量×卖出价格)×100%。比如,某投资者信用账户中有300万元保证金可用余额,融券保证金比例为50%,那么该投资者可融券卖出600万元市值(300万元÷50%)的证券。《融资融券交易实施细则》只对融资融券保证金比例的下限进行了明确规定,证券公司可在该基础上自行确定融资保证金比例和融券保证金比例。

1.2.5 风险与风险控制

融资融券一方面为投资者提供了信用交易和卖空的机会,但另一方面也会带来更高的投资风险。除一般证券普遍具有的市场风险和系统性风险外,融资融券还包含特有的杠杆交易风险、强制平仓风险和监管风险。

(1) 杠杆交易风险

由于保证金的存在,融资融券具有杠杆交易的特点,投资者在从事融资融券交易时,可能会遭受损失,这种亏损还会因为交易杠杆被进一步放大。比如,某投资者在股票市场以 1000 万元买入一只股票,投资后该股票价格从 10 元每股下跌至 8 元每股,则投资者将会亏损 200 万元,亏损 20%;如果投资者在融资融券市场以 1000 万元作为保证金融资 1000 万元,并用 2000 万元现金买入该股票,在同样的股价下跌情况下,投资者的损失将是 400 万元,亏损 40%。可见,杠杆交易具有高收益、高风险的特征,投资者对此要有清醒的认识。

(2) 强制平仓风险

在融资融券交易中,投资者与证券公司之间不仅是简单的委托买卖关系,还存在着债权债务关系,以及基于债权债务而产生的担保关系。证券公司为了维护自身的债权,会对投资者信用账户的资金状况进行实时监控,在一定条件下可以对投资者的担保资产进行强制平仓。通常情况下,引发强制平仓主要有三方面的原因:第一是投资者未能按照合同期限偿还债务;第二是证券市场价格的波动使得维持担保比例低于最低维持担保比例,同时投资者未能在约定时间内足额追加担保物;第三是投资者由于自身原因导致其资产被司法机关采取财产保全或者强制执行措施。

（3）监管风险

在融资融券交易出现异常情况，或者证券市场发生系统性风险时，监管部门以及证券公司可能对融资融券交易采取特别监管措施来维护市场的平稳运行，极端情况下甚至可能暂停融资融券的交易。这些监管措施将对进行融资融券交易的投资者产生重大影响。

1.3 国际比较

融资融券交易制度产生距今已有400余年，各国家在引入该项交易制度的时候，会根据自身市场环境的发展和经济运行的状况选择不同的融资融券交易模式。

根据借入证券方式的不同，融资融券交易模式可以分为两种，即分散化授信模式和集中授信模式，这两种模式的一个显著区别是是否设立专门的金融机构来管理融资融券交易。其中集中授信模式依照授信主体的区别又可分为两种：一种是结算机构模式，即设立专门证券结算机构作为授信主体，统一监督和受理融券业务，投资者对结算机构允许范围内的证券进行借贷；另一种是交易所模式，投资者在交易所中通过对标准化的借贷合约进行竞价以获得拆解的证券，再通过后台交易系统对证券进行登记结算，交易所直接授信，并监控和管理融券账户。

1.3.1 分散化授信模式

在分散化授信模式中,证券公司主要利用信贷、回购以及票据等工具在货币市场中向银行和非银行金融机构进行融资。该模式不设立专门的金融机构管控卖空交易,因而信用主体非常广泛。证券公司、商业银行、基金公司以及保险公司等非证券类金融机构均可以参与到融资融券交易中来,交易的方式也非常多样,比如回购和借贷等。分散化授信模式具有交易成本低以及交易效率高等特点,是融资融券交易中市场化程度最高的授信模式,能够最大限度地调动市场的活力。这一模式主要的风险是市场主体的业务风险,并且主要由市场本身来对风险予以化解,监管机构只会对市场运营的规则进行统一的制度安排并监督执行。采用这一融资融券交易模式最典型的国家是美国。

以美国融资融券交易模式(见图1-4)为例。美国股票市场向来以其灵活的交易模式闻名于世,政府对于信用交易的管控并不严厉,通常都会让市场自身来处理相关事宜,包括融资融券业务中对于证券公司准入资格的设定以及标的股票的种类、数量和构成等。美国融资融券业务中市场上的证券来源非常广泛,证券公司不但能够出借自有证券的一部分,同时在该公司开立账户的客户的现金账户和保证金账户中的证券都可以成为券源。美国对于参与融资融券业务交易的金融机构以及个人投资者的准入资格的规定也非常宽松,只要其满足最低开户资金要求和保证金要求即可,同时个人投资者也能借出自身的证券头寸,因此融资融券交易在美国资本市场中的活跃度和参与度都很高。

1. 制度背景

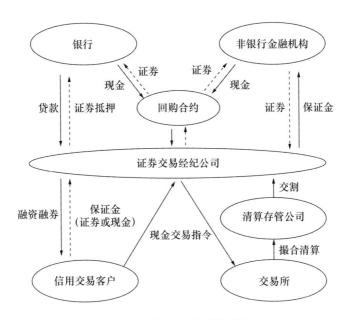

图 1-4 美国分散化授信模式
资料来源:根据公开资料整理。

美国投资者从事融资融券交易需要在证券公司开立保证金账户,一般而言,证券公司会要求此类账户的资本金最低限额为 2000 美元,保证金比例为 50%。在投资者账户中的资产价值下降到市场价值的 35% 以下时,证券公司会要求投资者追加保证金,以此来进行风险控制。

1.3.2 集中授信模式

集中授信模式的显著特点是有一个或多个证券金融公司来对证券公司提供证券和资金的转融通业务,这些证券金融公司专业化程度较高,甚至也会带有一定的垄断性。在这种交易模式中,政府对于参与融资融券交易的金融机构往往有着较高的市场准入要求。证券金融公司在集中授信模式中处于业务链的核心地位,能够控制市场中融资融券交易的资金和证券流量。集中授信模式的优点在于能更好地防控市场风险。但是,这种模式也容易导致少数证券公司居于垄断地位,使得投资者的选择相对单一,进而降低市场交易的活跃程度,其市场交易效率也会低于分散化授信的交易模式。集中授信模式可以进一步分为两类,一类是以日本为代表的单轨制,另一类是以中国台湾为代表的双轨制。

(1) 日本模式

在日本的融资融券业务中,主要的交易有两种,一是证券公司和投资者之间的融资融券交易,二是证券金融公司所进行的转融通业务,其中客户只能申请和证券公司进行融资融券交易。在证券公司和客户进行融资融券交割清算的时候,如果证券公司自有资金或证券不足,就可以向证券金融公司申请转融通,但不能直接从银行等机构获得交易所需的资金或证券,转融通需要提供一定的担保资金。在这种以证券金融公司为核心的单轨制集中授信模式下,政府能够很方便地对融资融券信用交易的总体规模和风险加以控制。

证券金融公司在单轨制集中授信模式中具有垄断地位。通常情况下,证券金融公司的自有资本占比非常低,主要通过向其他金融机构融借资金和证券进行市场操作。尽管投资者是和证券公司进行融资融券业务,但是证券公司在整个市场的融资融券业务中并不是核心,不能从银行等其他金融机构获得融资融券业务所需的资金和证券,而必须通过证券金融公司来获得。该模式最大的优点在于,监管层只需要对证券金融公司融资融券的规模加以控制,就能够有效地控制整个市场中融资融券的规模,从而能够有效地防止信用交易的过度泛滥。日本共有日本证券金融公司、大阪证券金融公司和中部证券金融公司三家证券金融公司,其中日本证券金融公司成立较早,在注册资本金、经营收益以及融资融券业务中的市场份额上都具有明显优势。

表1-1 日本三大证券金融公司基本资料

	日本证券 金融公司	大阪证券 金融公司	中部证券 金融公司
公司成立时间	1927年	1933年	1943年
注册资本金	100亿日元	50亿日元	2亿日元
总部所在地	东京	大阪	名古屋
组织形式	上市公司	上市公司	上市公司

资料来源:根据公开资料整理。

相较于其他融资融券的交易模式,日本的单轨制集中授信模式具有较高的专业化程度,但市场化程度稍显不足(见图1-5)。职能分工明确的结构形式使得监管非常便利,但在一定程度上也损失了市场的活力和资源配置的效率。

(2)中国台湾模式

我国台湾在融资融券交易中采用了双轨制的集中授信模式,在该模式下,证券公司和证券金融公司并行,共同代理融资融券业务(见图1-6)。与单轨制模式不同的是,在该模式下投资者既可以通过证券金融公司来进行融资融券交易,也可以通过证券公司来参与融资融券交易。证券金融公司可以同时提供对证券公司进行转融通业务和直接对投资者进行融资融券业务的服务。双轨制集中授信模式结合了分散化授信模式与集中授信模式的优点,市场运行效率较高。

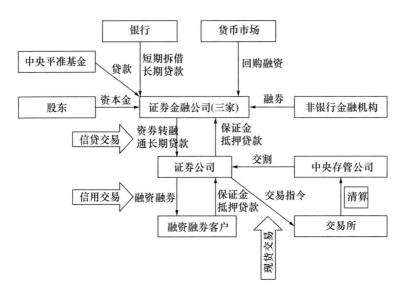

图 1-5 日本融资融券模式
资料来源:根据公开资料整理。

我国台湾的融资融券业务有四个特点:首先,授信模式自成一体。双轨制集中授信模式下证券金融公司一方面可以向证券公司授信,同时也能够通过代理或直接向投资者授信。我国台湾共有四家证券金融公司,这些公司资本规模比较接近,它们在市场上是一种竞争的关系,这使得证券金融公司处于既垄断又竞争的地位。其次,市场准入管理相对严格。我国台湾地区融资融券业务的市场准入条件比欧美国家更为严格,证券公司只有在净资产以及从业时间等方面达到规定条件才能够从事融资融券业务,而投资者在开立信用账户之前必须提供财务证明并且接受授信主体的资格审查。再次,信用风险管理严格。我国台湾地区不仅对市场中融资融券的总体规模进行控制,并且对单个证券融资融券的规模、单个客户融资融券的规模

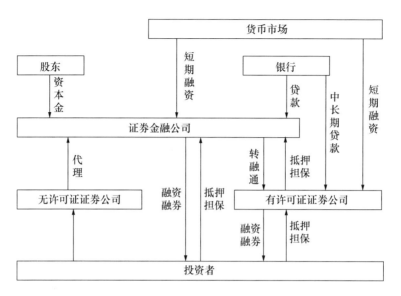

图 1-6 中国台湾融资融券模式

资料来源:作者根据公开资料整理。

以及授信主体融资融券的规模都有着较为严格的控制。最后,投资者所进行的融资融券交易不是集中于证券公司,证券金融公司不仅能够提供转融通业务,还能够对投资者进行直接融资。我国台湾地区具有融资融券业务资格的证券公司较少,大部分证券公司在接受客户交易申请的委托后,只能转向证券金融公司办理转融通业务,投资者能够选择向证券公司或者证券金融公司进行融资融券。这种情况下,证券金融公司在转融通业务成交量日益下降时,能够更多地转向直接为个人投资者提供资金和证券转融通业务,从而成为一个市场化的融资融券专营公司。

1.3.3 交易所集中竞价模式

交易所集中竞价模式（见图 1-7）将办理融资融券交易的资格交予一家证券交易所，这种交易模式在本质上区别于集中授信模式。证券交易所在融资融券业务中的职责是提供标准化的合约，证券借入者和持有者双方通过自由协商以及竞价的方式来达成合约。交易所作为中介机构，主要是撮合双方的融资融券交易，并从中抽取一定的费用，同时交易所还会制定相关的风险管理措施。

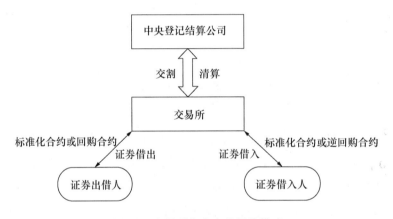

图 1-7　交易所集中竞价授信模式
资料来源：根据公开资料整理。

总的来看，上述三种融资融券业务模式都具有自身的特色和优缺点。如果政府机构和监管者注重提高市场的活力和效率，鼓励市场自身配置资源并解决问题，对金融机构主张自我管理、自负盈亏和风险自担，那么分散化授信模式是更好的选择。如果政府机构和监管者更加关注融资融券业务的风险管理和金融市场运行的稳定性，那么就应该选择集中授信模式，在这种业务模式下，市场发生危机时监管机构可以迅速采取措施救市,维护市场的稳定,但是集中授信模式也会在一定程度上损失市场效率。融资融券业务模式比较如表1-2所示。

表1-2　融资融券业务模式比较

	美国	日本	中国台湾
业务模式	分散化授信	单轨制集中授信	双轨制集中授信
主要融资来源	1. 自有资金 2. 抵押贷款 3. 债券回购 4. 客户保证金	1. 自有资金 2. 抵押贷款 3. 债券回购 4. 证券金融公司转融资	1. 自有资金 2. 抵押贷款 3. 债券回购 4. 证券金融公司转融资
主要融券来源	1. 融资业务所得抵押券 2. 自有证券 3. 从金融机构借入证券 4. 客户证券余额	1. 融资业务所得抵押券 2. 自有证券 3. 从证券金融公司借入证券	1. 融资业务所得抵押券 2. 自有证券 3. 从证券金融公司借入证券

资料来源:根据公开资料整理。

1.3.4　中国模式

目前,我国资本市场和货币市场之间的资金流通渠道并不通畅,市场中金融机构的风险控制能力有待提高,金融机构监管水平也存在较大提升空间。在这样的市场环境下,我国现阶段融资融券业务采用"集中化、单轨制"的业务模式,如图1-8所示。该模式下,证券公司向客户融资融券,同时由证券金融公司向证券公司提供转融通业务。这种交易模式符合我国市场当前的发展特点,有利于对融资融券交易规模和风险进行有效控制。

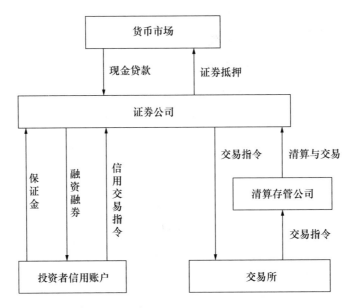

图 1-8 我国融资融券交易模式
资料来源:根据公开资料整理。

　　我国融资融券交易在很大程度上借鉴了日本的模式,同时也采纳了其他国家的一些有益经验。融资融券交易的监管主体是证监会,同时,沪深交易所、中国人民银行以及银监会也会协助证监会进行融资融券交易监管。

　　从其他国家的经验来看,我国融资融券业务仍然具有较大的发展空间。首先,我国融资融券的标的证券仍有扩容的空间,标的证券的数量和种类还能够进一步扩大。其次,我国融资融券业务的保证金水平还有较大的下降空间。以日本为例,其初始保证金水平为30%,维持保证金水平为20%,目前我国初始保证金水平为50%,维持担保比例则为130%(我国和日本在维持担保比例算法上存在一定差异)。保证金比例的下降能够提高投资者的参与度和积极性,但是在融资融券业务发展初期,一个较高的保证金水平也有利于对风险进行控制。再次,融资融券的相关费率将长期处于下降通道,海外经验表明融资融券业务的息差空间是压缩的,目前国内9%左右的融资融券业务息差偏高,息差下降能够降低投资者交易成本,增加融资融券的交易活跃度,这将是获得更高业务收入的一个途径。最后,融资融券业务交易总量偏低,相对于海外市场融资融券交易占全部现货交易15%—35%的比重,我国融资融券业务的发展还有较大的空间,特别是目前我国融券交易占比极低,海外市场融券交易和融资交易比重大约为2∶5,相对而言,我国融券交易的提升空间很大。

1.4 小　　结

本章主要介绍了我国融资融券交易的时间进程、交易制度以及交易模式的国际比较。相较于国外市场,我国融资融券业务起步较晚,但自2010年启动以来,一直处于稳步发展的状态,标的证券经历了多次扩容,转融通业务也于2011年10月推出,有力推动了融资融券业务的发展。2015年股灾期间,融资融券业务的相关功能受到限制,直至股灾后才逐步恢复。融资融券的交易流程主要包括委托、申报和成交三个部分,证券金融公司在交易过程中扮演了中介人的角色。保证金比例是融资融券交易中一个重要的规定,保证金比例的大小直接决定了融资融券交易中杠杆率的大小,对于资本市场和货币市场间的资金流动也有着重要影响。同时,融资融券业务具有一般证券交易所不具有的杠杆交易风险、强制平仓风险、监管风险等，因此在发展融资融券业务的过程中，监管层、交易所、证券公司均应当完善风险控制机制，加强风险防范，投资者也应当强化风险防范意识，做好必要的头寸控制。融资融券交易模式主要有分散化授信模式、集中授信模式以及交易所集中竞价模式，这三种授信模式各具特色，各有优缺点。目前，我国融资融券交易采用"集中化、单轨制"的业务模式，这种模式符合我国市场当前的发展特点，有利于对融资融券交易规模和风险进行有效控制，也有利于融资融券业务平稳健康发展。

2. 标的、投资者与市场交易

2.1 标的证券与担保物

标的证券是投资者可通过融入资金买入的证券和证券公司可对投资者融出的证券,证券交易所规定融资买入的标的证券和融券卖出的标的证券包括股票、证券投资基金、债券及其他证券。

担保物是融资融券业务风险控制中的重要一环,包括保证金以及投资者融资买入的全部证券和融券卖出所得的全部价款。

2.1.1 融资融券标的

我国融资融券业务在2010年3月31日正式启动时,标的股票只有90只。此后,沪深交易所按照从严到宽、从少到多、逐步扩大的原则,根据融资融券业务开展情况,在满足证券交易所规定的证券范围内审核、选取标的证券,融资融券标的证券先后经历了五次较大规模的扩容,如图2-1所示。

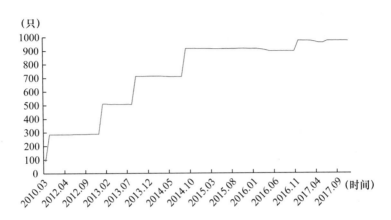

图 2-1 融资融券标的证券数量

资料来源:中国证券金融公司官网。

2011年11月25日,沪深交易所分别发布了《融资融券交易实施细则》,调整了融资融券标的证券的范围,标的证券由此前的90只增加至285只,调整后的标的证券于2011年12月5日开始正式实施交易。其中,上交所由原来的50只股票,扩展为180只股票和4只ETF基金;深交所由此前的40只股票,扩展为98只股票和3只ETF基金。

2013年1月25日,沪深交易所在《融资融券交易实施细则》的基础上,再一次扩大了标的证券范围,此次调整后融资融券标的证券数量达到500只,包括上交所的300只和深交所的200只,调整后的标的证券于2013年1月31日开始正式实施交易。

2013年9月16日,融资融券标的证券数量进一步扩容至712只,包括700只股票和12只ETF基金。其中,上交所标的股票从原来的300只增加到400只,深交所标的股票从原来的200只增加到300只。此次扩容之后,融资融券标的证券数量达到沪深两市股票总数的28%,基本包含大部分的大盘蓝筹股和绩优股,同时也包含一部分中小板股票和创业板股票,融资融券标的证券总市值分别占上交所证券总市值的87%和深交所证券总市值的59%。

2014年9月12日,融资融券标的证券数量进一步增加至900只。此次扩容之后,融资融券标的股票的覆盖范围和代表性获得进一步提升,数量占到A股上市公司总数的1/3,流通市值则占到A股流通总市值的80%。此次扩容后,中小板和创业板中标的股票数量也分别达到172只和57只。

2016年12月6日,沪深交易所再一次对融资融券标的证券范围进行扩容,证券数量扩大到950只,其中,上交所525只,深交所425只。这次调整自2016年12月12日起正式实施。

除上述五次大规模的扩容外,沪深交易所还建立了融资融券标的证券定期评估调整机制,每个季度均会对融资融券标的证券进行一次双向调整,对于不符合条件的标的证券予以剔除,同时也会纳入符合条件的证券。有规则的动态调整一方面有利于维持融资融券标的证券数量的相对稳定,另一方面有效地优化了标的证券的结构。总的来看,融资融券标的股票范围和数量的增加使得投资者有了更多的选择机会,也能够更好地满足投资者做空和风险对冲的需求,提高了投资者参与融资融券业务的积极性。

截至2016年年底,主板、中小板和创业板融资融券标的股票数量分别占所在板块上市股票总数的40.70%、22.26%和10.18%,如表2-1所示。

表 2-1　各板块融资融券标的股票数量及占比（截至 2016 年 12 月 31 日）

板块	主板	中小板	创业板
融资融券标的股票数量（只）	709	183	58
上市股票总数量（只）	1742	822	570
占比	40.70%	22.26%	10.18%

资料来源：Wind 资讯官网。

2.1.2　担保物

融资融券投资者信用资金账户和信用证券账户内的所有资产构成其对证券公司融资融券所生债务的担保物。投资者信用证券账户不得用于买入或转入除担保物以及证券交易所公布的标的证券范围以外的证券。

除现金外，保证金也可以由股票、证券投资基金、债券、货币市场基金、证券公司现金管理产品及交易所认可的其他证券充抵。可充抵保证金证券，在计算保证金金额时，按证券公司公布的折算率进行折算。

如表 2-2 所示，《融资融券交易实施细则》对可充抵保证金的各类证券规定了不同的折算率，证券公司的折算率不得高于证券交易所规定的折算率。例如，某投资者信用账户内有 100 万元现金和 100 万元市值的 A 证券，假设 A 证券折算率为 70%，那么，该投资者信用账户内的保证金金额为 170 万元（100 万元现金×100%＋100 万元市值×70%）。

2. 标的、投资者与市场交易

表 2-2　担保证券折算率上限(%)

上证180、深证100	70	交易所上市国债	95
ST 股票、权证	0	ETF 基金	90
其他上市股票	65	其他上市债券、基金	80

资料来源：上交所、深交所官网。

我国融资融券业务试点启动之后，可充抵保证金的各类担保证券数量也一直处于上升的态势（见图2-2）。其中，担保股票数量由2010年年末的2021只增加至2017年年末的3566只。2016年之前，折算率不为0%的担保股票（即表2-2所示的上证180、深证100及其他上市股票）数量与所有担保股票数量之间的差额始终保持在200只以下，部分年份更是低于100只，而2016年和2017年两者的差额分别为494只和378只，这也从一个侧面反映出2015年至2016年期间爆发的股灾对我国融资融券市场造成了较大的影响，导致许多股票被调出可充抵保证金证券的范围，从而折算率变为0%。

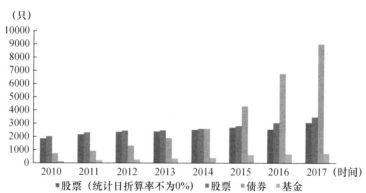

图 2-2　担保证券数量变化情况

注：以每年最后一个交易日为统计日。
资料来源：Wind 资讯官网。

相对于担保股票而言,担保债券的数量增加得更为明显,2015年至2017年三年,担保债券数量分别为4295只、6744只和8985只,远远超过了担保股票数量。此外,担保基金的数量也一直处于稳步增长的态势,从2010年的137只上升至2017年的737只。

图2-3和图2-4给出了自融资融券交易试点推出以来市场担保物市值的变化情况,其中,图2-3为担保股票市值变化情况,图2-4为担保债券、基金以及现金市值变化情况。总体来看,我国融资融券担保物市值不断增加,2013年开始进入加速增长期,2015年5月所有担保物市值合计达到64288.37亿元的最高峰。此后,A股市场发生股灾,融资融券市场各类担保物市值也经历了一个快速下滑的阶段。2016年3月股灾结束后,融资融券市场各类担保物市值开始趋于稳定。从担保物的类别来看,担保股票的市值一直在担保物的总市值中占据90%左右的比例,其次是担保现金,占比最小的是担保债券和基金。

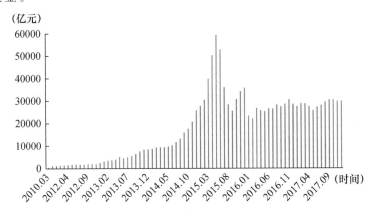

图2-3　担保股票市值变化情况
资料来源:中国证券金融股份有限公司官网。

2. 标的、投资者与市场交易

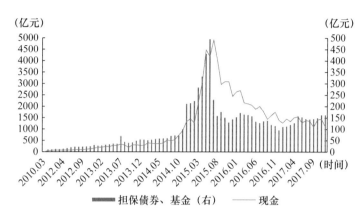

图 2-4 担保债券、基金以及现金市值变化情况
资料来源：中国证券金融股份有限公司官网。

值得说明的是，《融资融券交易实施细则》并未明确禁止将停牌的股票作为担保物，但规定被实施风险警示、暂停上市或进入退市整理期的 A 股股票折算率为 0%。如果股票原先存在于客户信用证券账户中，之后出现被调出可充抵保证金证券范围、被暂停交易、被实施风险警示等特殊情形，证券公司在计算客户维持担保比例时，可以根据与客户的约定按照公允价格或其他定价方式计算其市值。

除了通过保证金比例控制交易的规模和风险之外，融资融券业务还有维持担保比例的要求。维持担保比例是投资者担保物价值与其融资融券债务之间的比例，其计算公式为：维持担保比例 ＝（现金 ＋信用证券账户内证券市值总和）/（融资买入金额＋融券卖出证券数量×当前市价＋利息及费用总和）。《融资融券交易实施细则》规定，投资者的维持担保比例不得低于 130%。当维持担保比例低于 130% 时，证券公司会通知投资者在约定的期限内追加担保物。证券公司可以与投资者自行约定追加担保物后的维持担保比例,如果投资者未能按期交足担保物或者到期未偿还融资融券债务,证券公司可以按照约定处理其担保物。当维持担保比例超过300%时,投资者可以提取保证金可用余额中的现金或充抵保证金的有价证券,但提取后的维持担保比例不得低于300%。

从维持担保比例来看(见图2-5),我国A股市场融资融券业务的风险总体可控,全市场平均维持担保比例始终在200%以上。在融资融券试点初期,平均维持担保比例相对较高,2012年开始小幅下降,2013年6月达到历史最低水平215.18%。此后,全市场平均维持担保比例逐步回升,2015年后维持在250%左右的水平。随着我国融资融券业务的不断发展,相关风险控制手段和措施逐渐完善,未来全市场平均维持担保比例应该有下降的空间。

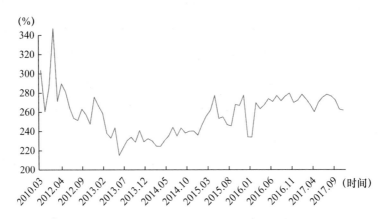

图2-5 融资融券业务全市场平均维持担保比例变化情况
资料来源:中国证券金融股份有限公司官网。

2.2 投 资 者

投资者需要通过具有证券交易所融资融券业务资格的证券公司才能进行融资融券交易。证券公司在满足一定的资格后,可以向交易所申请融资融券业务资格,会员证券公司进行融资融券业务需要遵循各项制度规定。融资融券业务的交易流程主要由委托、申报和成交三个环节组成,其中委托环节发生在投资者和证券公司之间,而申报环节则发生在证券公司和证券交易所之间。

图 2-6 给出了我国具有融资融券业务资格的证券公司数量和开展融资融券业务的营业部数量的动态变化情况。2010 年,融资融券交易试点推出以后,我国具有融资融券业务资格的证券公司数量为 26 家,2012 年 6 月增加至 49 家,此后保持稳步增长,截至 2017 年年

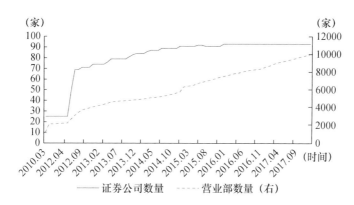

图 2-6 证券公司数量和营业部数量变化情况
资料来源:中国证券金融股份有限公司官网。

底,共有93家证券公司具有开展融资融券业务的资格。证券公司开展融资融券业务的营业部数量也一直保持着较为平稳的增速,截至2017年年底,我国证券公司开展融资融券业务的营业部总数为10024家。

图2-7给出了参与融资融券交易的个人投资者和机构投资者数量的变化情况。可以看出,在融资融券业务发展早期,参与交易的个人投资者和机构投资者的数量都经历了一个非常快速的增长阶段。尽管机构投资者比个人投资者更早地进入融资融券市场,但是个人投资者在市场早期的增长幅度和增长数量都要明显超过机构投资者。总的来看,个人投资者在我国融资融券投资者总数中占据着主要地位,以投资者数量最高的2015年6月为例,个人投资者和机构投资者总数分别为752.84万人和12917家。

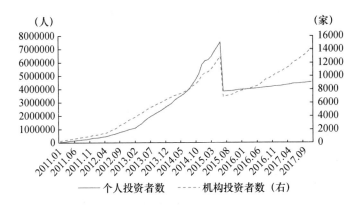

图2-7 融资融券业务投资者数量变化情况
资料来源:中国证券金融股份有限公司官网。

2015年6月,我国A股市场发生了罕见的股灾,监管层对融资融券交易采取了较为严厉的监管措施,参与融资融券交易的个人投资者和机构投资者数量均大幅下降。2015年7月,个人投资者数量下降至384.43万人,在股灾发生的一个月内减少了近一半;机构投资者数量也大幅下降至6884家。我们还发现,两类投资者的数量变化在股灾过后也表现出明显不同的趋势。个人投资者数量增长较为缓慢,基本维持在400万人至450万人之间;机构投资者的数量则从2016年下半年开始迅速增长,截止到2017年12月,机构投资者的总数为14142家,超过股灾前机构投资者数量的最高点。

图2-8给出了融资融券市场中个人投资者和机构投资者信用账户的变化情况。在2011年1月至2014年10月之间,新增个人开户投资者和新增机构开户投资者的数量均处在一个较为平稳的增长阶段,相对而言,新增机构开户投资者的增长幅度较大。2015年股灾发生前夕是我国融资融券市场发展最为迅速的时期,从2014年10月开始至2015年6月,新增个人开户投资者和新增机构开户投资者

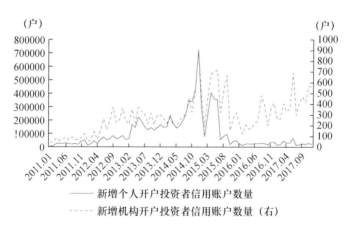

图2-8 融资融券业务投资者信用账户变化情况

资料来源:中国证券金融股份有限公司官网。

的数量均增长迅速。2014年12月,两类投资者新增信用账户达到市场高点,分别为72.3万户和890户。2015年3月至6月,新增个人开户投资者信用账户月均超过23.97万户,新增机构开户投资者信用账户月均超过467户。2015年股灾发生后,新增个人开户投资者和新增机构开户投资者的数量均迅速下滑。新增个人开户投资者的数量自2015年8月开始几乎没有明显增长,但新增机构开户投资者的数量自2016年下半年开始增长速度有所加快,但也没有达到股灾之前的市场增长高点。

不管是参与融资融券交易的投资者数量,还是新增开户投资者数量,都反映出我国融资融券市场投资者结构的变化,总体来看,机构投资者数量在我国融资融券投资者总数中的占比越来越高,这表明我国融资融券市场中投资者结构正在不断改善,趋于合理。

2.3 市场交易

我国融资融券业务试点启动之后的一段时间内市场交易并不活跃,全市场的融资融券交易金额和余额均比较小。2013年之后,融资融券市场交易开始增加,并从2014年下半年开始增速加快。2015年股灾爆发后,融资融券业务开始急剧萎缩,2016年之后则较为稳定。

2.3.1 交易总量

如图2-9所示,在融资融券业务推出之后,市场交易总量呈现出

"缓慢发展—快速增长—急剧下滑—平稳发展"的态势,从时间线上来看,大体可分为四个阶段。

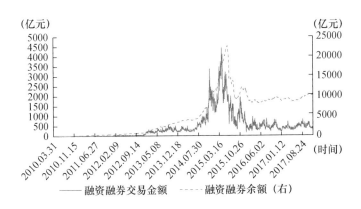

图 2-9　融资融券交易金额与余额变化情况
注:融资融券交易金额＝融资买入金额＋融券卖出金额。
资料来源:中国证券金融股份有限公司官网。

第一阶段为 2010 年 3 月至 2012 年 12 月,是我国融资融券业务发展的早期,投资者对于融资融券业务的认识程度和接纳程度还不高,市场参与度和交易活跃度都比较低,融资融券日度交易金额以及融资融券余额均处于缓慢增长的过程中,日度交易金额基本维持在 100 亿元以下,而融资融券余额则维持在 1000 亿元以下。

第二阶段为 2013 年 1 月至 2015 年 6 月,是我国融资融券业务发展最为迅猛的时期,投资者对于融资融券业务的认可度和参与度不断提高。2013 年 1 月,融资融券日度交易金额开始持续突破 100 亿元关口并维持一个相对稳定的状态。2014 年 9 月开始,融资融券日度交易金额开始进入爆发式增长的阶段,持续突破 500 亿元关口。股灾前夕,市场的融资融券日度交易金额达到前所未有的高度。

2015年4—6月,融资融券日度交易金额基本维持在2000亿元上下。2015年4月20日,融资融券交易金额更是达到4446.97亿元的历史高点。与此同时,2015年4月、5月、6月全市场融资融券余额也分别达到18394.52亿元、20800.30亿元和20490.68亿元。

第三阶段为2015年7月至2016年2月,即股灾时期。在这个时期,融资融券的市场交易总量和余额都明显下滑,2015年8月末开始,融资融券日度交易金额下降至1000亿元以下,2016年年初更是下降到500亿元以下,与此同时,融资融券余额也下降至10000亿元以下。

第四阶段为2016年2月至今。2016年之后,股灾的影响逐渐平息,融资融券业务的市场交易也开始慢慢恢复。但是,无论是融资融券市场交易总量还是融资融券余额均不再有之前迅猛增长的态势,而是表现出稳定发展的特征,融资融券日度交易金额维持在500亿元左右,融资融券余额则维持在8000亿元到10000亿元之间。

2.3.2 融资交易

融资交易在我国融资融券业务中始终占据主要地位,融资买入额在融资融券交易金额中始终占据80%以上的份额,而融资余额则在融资融券余额中始终占据95%以上的份额。从融资融券业务推出至2014年6月,这个阶段的融资交易并不活跃,全市场的融资余额和融资买入额基本持平。在此之后,融资交易进入快速发展阶段,日度融资买入额增长迅速,从2014年11月末开始,日度融资买入额开始突破1000亿元,股灾前夕更是多次单日突破2000亿元,市场融资余额在2015年5月和6月达到最高点,维持在20000亿元以上。股灾期间,融资交易总量和余额均明显下降。进入 2016 年,全市场融资余额始终保持在 8500 亿元左右,而融资买入额的波动较大,虽未能达到 2015 年市场运行的高点,但也远高于市场运行初期。

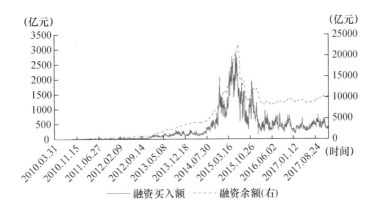

图 2-10　融资买入额与融资余额变化情况
资料来源:中国证券金融股份有限公司官网。

2.3.3　融券交易

相对融资交易而言,融券交易在我国融资融券业务中所占的比重非常小,在市场运行的整个阶段融券交易余额均没有超过 100 亿元,融券卖出额在融资融券交易金额中的占比也要小得多。自融券业务推出直到 2014 年 10 月,全市场的日度融券卖出额均未超出 100 亿元,2014 年 11 月末开始首次突破 100 亿元关口。融券交易在 2015 年股灾前夕最为活跃,一个显著区别于融资交易的特点是,这个阶段融券交易的日度卖出额要大于市场余额,2015 年 4 月、5 月和 6 月,日度融券卖出额基本维持在 300 亿元左右,而这个时期融券业务的市场余额却始终未超过 100 亿元。股灾过后,融券交易迅速降温,直至 2017 年开始才有小幅的回落,市场余额稳定在 40 亿元左右。

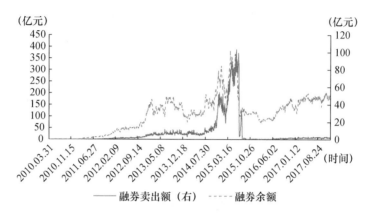

图 2-11　融券卖出额与融券余额变化情况
注:融券余额=融券卖出数量×统计日收盘价格。
资料来源:中国证券金融股份有限公司官网。

2.3.4　转融通交易

我国转融资业务于 2012 年 8 月 30 日启动,转融券业务于 2013 年 2 月 28 日启动。相对来看,转融资业务在转融通业务中占据主要地位,在推出之后就进入一个快速发展的阶段,月度交易金额增长比较迅速,2012 年 6 月即突破 300 亿元,2013 年 7 月转融资交易金额达到高点即 617.42 亿元。2015 年股灾之后,转融资交易金额下滑明显,2015 年的下半年转融资月度交易金额均未超过 60 亿元,股灾过后转融资交易有所回暖,但也未达到之前的市场高点。

转融券业务在推出之初并未受到投资者的青睐,直到 2014 年 12 月,交易金额才首次突破 100 亿元,达到 184.48 亿元。2015 年 3 月到 6 月是转融券交易最为活跃的时期,每个月的转融券交易金额均突破 200 亿元。2015 年股灾之后,中国证券金融股份有限公司暂时停止了转融券交易,直到 2016 年 1 月才重新恢复,当月转融券交易金额为 0.67 亿元。此后,转融券业务一直处于非常低迷的发展时期,直到 2017 年 1 月才开始回暖。

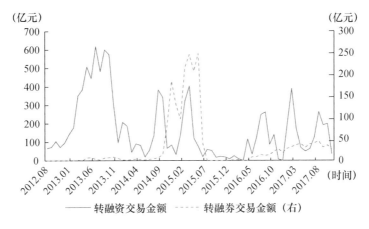

图 2-12 转融资和转融券交易金额变化情况
资料来源:中国证券金融股份有限公司官网。

图 2-13 给出了转融资余额和转融券余额的变化情况。不管是转融资余额还是转融券余额,自相关业务推出开始上升均非常迅速,股灾前夕更是经历了一个飞速增长的阶段。2015 年 6 月股灾后,转融资余额和转融券余额都明显下降,直到股灾逐渐平息之后才开始缓慢上升。此外,虽然在 2015 年股灾的前几个月,转融券余额上升速度非常快,但是总体来看,转融券余额占比很小,转融资余额始终占据转融通余额的绝大部分比例。

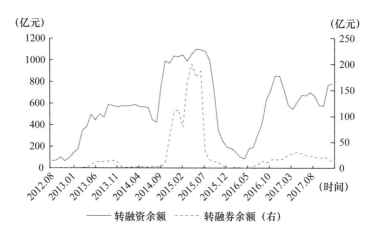

图 2-13 转融资余额、转融券余额变化情况

资料来源：中国证券金融股份有限公司官网。

从转融通业务的保证金情况来看（见图 2-14），从转融通业务推出之后至 2015 年股灾之前的这段时间内，随着市场参与度的不断提高，保证金的金额也不断提高，2015 年 7 月，整个市场的转融通业务保证金金额达到最高，为 374.98 亿元，但这段时间内市场平均保证金比例并没有明显增加，一直维持在 25％至 30％。股灾发生后，转融通业务的保证金金额迅速下降，而市场平均保证金比例大幅提高，2015 年 10 月达到 72.01％。股灾的发生不仅直接影响了融资融券业务的发展，也对转融通业务产生了较大的冲击。2016 年下半年之后，市场中的转融通业务保证金金额和平均保证金比例开始维持在较为稳定的水平，保证金金额维持在 150 亿元至 200 亿元之间，平均保证金比例恢复到 25％至 30％之间。

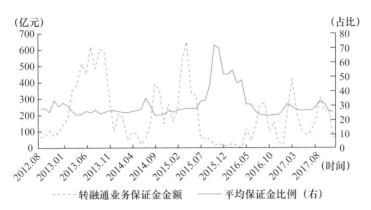

图 2-14 市场转融通业务保证金金额与保证金比例变化情况
资料来源:中国证券金融股份有限公司官网。

2.4 融资融券交易与收益率

投资者的融资融券交易行为可能受到多种因素的影响,如宏观经济走势、行业动态以及投资者个人的投资偏好等,其中的股票市场收益率以及个股收益率是影响投资者融资融券行为较为重要的因素。

2.4.1 融资融券交易与市场收益率

从上证 A 股指数的走势与全市场融资买入额和融券交易额的关系来看(见图 2-15 和图 2-16),在 2010 年至 2014 年这一融资融券业务推出的早期阶段,两者走势的趋同关系不明显。从 2014 年下半年开始,上证 A 股指数迎来一波明显的上涨,而此时日度融资买入额和

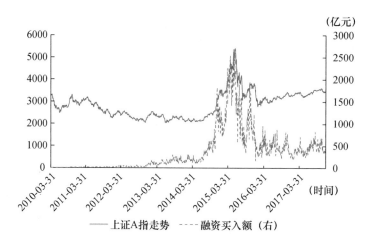

图 2-15　上证 A 股指数走势与全市场融资买入额变化情况
资料来源：国泰安数据库。

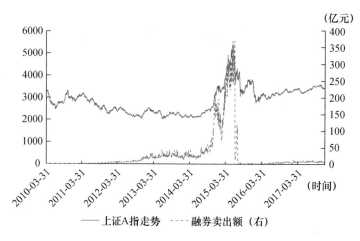

图 2-16　上证 A 股指数走势与全市场融券卖出额变化情况
资料来源：国泰安数据库。

日度融券卖出额也开始迅速增长。股灾期间，沪市的融资买入额和融券卖出额随指数的涨跌也有着较为明显的起落。股灾过后，指数走势趋缓,而融资融券交易金额也迅速回落并且趋于稳定,两者表现出较为明显的趋同关系。以上结果表明,股票市场指数的走势可能对投资者的融资融券行为产生了较大的影响。

2.4.2 融资融券交易与个股收益率

除了市场大盘的走势以及指数的收益率之外,融资融券标的股票的个股收益率同样也会对投资者的融资融券行为产生重要影响。

我们使用 2010 年至 2017 年 A 股市场融资融券标的股票的日度数据来进行分析,被解释变量分别为个股的日度融资买入额和日度融券卖出额,核心解释变量为滞后一期的个股收益率,对融资融券标的股票的个股流通市值、市净率、换手率以及日成交额进行控制,同时对部分变量进行数据上的处理以消除量纲之间的差异。回归结果如表 2-3 所示。

表 2-3 回归结果

变量	(1) Finmount	(2) Secshort
lag_Return	2.191***	−0.341***
	(51.30)	(−3.81)
lag_Size	0.390***	−0.644***
	(11.50)	(−11.27)
lag_PB	−0.00152*	0.000962
	(−2.45)	(1.07)
lag_Turnover	−2.271***	−1.389
	(−6.76)	(−1.87)

(续表)

变量	(1) Finmount	(2) Secshort
lag_Amount	0.935***	0.714***
	(71.42)	(28.12)
_cons	−2.676***	10.07***
	(−10.54)	(22.61)
N	1021129	662619
adj. R^2	0.602	0.097

注：*、**和***分别表示10%、5%和1%的置信水平下显著。

在控制了公司层面的个体固定效应之后，回归结果表明，滞后一期的个股收益率与融资买入额和融券卖出额分别存在显著的正向关系和负向关系。这表明个股收益率的增加，会使得下一期融资买入额上升，同时使得下一期的融券卖出额下降。笔者还使用了剔除ST公司和金融保险类公司的数据进行回归分析，结果依然稳健。

通过回归分析，我们发现滞后一期的个股收益率与融资交易行为有显著的正向关系，而与融券交易行为有显著的负向关系。具体而言，个股收益率越高，会使得下一期的融资买入额越大，融券卖出额越小；反之，则使得下一期的融资买入额越小，融券卖出额越大。

2.5 小　　结

本章结合我国融资融券业务的市场运行状况，介绍了融资融券业务的标的证券及担保物、会员以及市场交易概况。符合一定条件的证券可以成为融资融券业务的标的证券，我国融资融券业务标的证券先后经历了五次扩容,数量不断增加,标的证券范围也有所扩大。担保物是融资融券业务风险控制中的重要一环。证券公司满足一定的条件后可以向交易所申请融资融券业务资格,投资者可通过会员证券公司来进行融资融券交易。会员证券公司在进行融资融券交易时,需要遵循各项制度安排,融资融券交易流程主要由委托、申报和成交三个步骤组成。从市场运行的实际状况来看,个人投资者数量和机构投资者数量均在稳步增加,近年来,机构投资者数量增加较快,投资者结构和市场格局不断优化。融资交易在我国融资融券业务中占据主要地位,融资交易额和融资余额也占据融资融券交易金额和余额的主要部分。股灾对融资融券业务造成了较大的冲击,目前融资融券业务发展比较稳定,融券业务相对而言还有更大的发展空间。转融通业务在一定程度上推动了融资融券业务的发展,转融资业务也在转融通业务中占据主要地位。

市场大盘走势和指数收益率对投资者的融资融券交易行为有重要影响,融资融券交易金额的变化表现出与市场走势的趋同性,同时,指数收益率波动幅度越大,融资融券交易金额越大。而滞后一期的个股收益率也会显著影响标的股票的融资买入额和融券卖出额。

3. 证券市场金融创新的研究现状

20世纪90年代以来,全方位、多层次的资本市场创新给市场提供了极大的便利和充足的流动性,对全球产业发展和经济增长起到了重要支撑作用。新的经济现象常常催生出新的理论,金融系统日新月异的发展引发了学者们对金融创新领域的研究热情。鉴于资本市场创新对金融和经济发展的重要性,学者们就资本市场创新的现状、发展和影响进行了大量研究,得出了很多有意义的成果。(Merton,1992;Lerner,2006;Awrey,2013;Laeven et al.,2015;Fostel and Geanakoplos,2016;Beck et al.,2016)

证券市场金融创新大多数以交易机制和金融工具为主(Philippas and Siriopoulos,2009),相应的研究大致分为两大方向:一是基于制度创新的研究,研究对象通常是相关交易制度的主动或被动变化,多使用理论研究的方法分析交易制度的改变对于市场均衡、市场效率等的作用效果;二是基于工具创新的研究,较多使用实证研究的方法验证特定创新内容对投资者的影响。研究主要回答四类问题:一是资本市场创新产生的原因、推动力和创新主体的行为选择(Lerner,2006;Awrey,2013);二是资本市场创新对宏观经济、社会福利的影响;三是资本市场创新对市场效率的影响;四是资本市场创新对相关市场参与者的影响。

3.1 资本市场创新的经济效应

3.1.1 金融创新与经济增长

传统观点认为,金融创新提高了金融服务的多样性(Berger, 2003),减少了代理成本(Duffie and Rahi,1995),便利了风险分担(Allen and Gale,1991),完善了市场(Grinblatt and Longstaff,2000),促进了产业技术创新(Gorodnichenko and Schnitzer,2013),提高了资源配置效率(Ross,1976;Houston et al.,2010),并最终促进了经济增长。目前,直接探讨金融创新与经济增长关系的文献并不多,更多的是探讨金融创新与金融发展的关系(McKinnon,1973;Shaw,1973),以及金融发展与经济增长的关系(Levine et al.,2000;Calderón and Liu, 2003)的文献。

从金融发展的角度看,良好的金融系统应能以较低的成本提供信息,更好地分配现有资本存量,排除信贷约束,推动高技术含量的产业获得突破。(周立和王子明,2002)金融发展通过降低交易成本,提高生产效率,提供更准确的信息和更好的治理条件。(Brown et al.,2009)Laeven et al.(2015)将金融创新纳入内生性增长模型中,发现金融创新借助企业创新来影响经济增长。孙浦阳等(2012)在Laeven et al.(2015)的基础上应用工具变量法考虑内生性情况的研究也发现,尽管金融创新单独对经济增长的作用方向不确定,但金融创新通过企业技术进步体现出的对经济增长的促进作用是显著的。Laeven 等(2015)指出,金融创新是经济发展的助推力量,实体经济在各个阶段的高速发展和投资银行、风险投资、金融高科技公司等金融创新的涌现在时间上是高度一致的。Lerner 和 Tufano(2011)的研究也发现,金融创新与实体经济各部门的创新是相互支持、相互促进和不可分割的有机整体。近年来,金融自由化对经济增长的影响也得到了很多学者的重视。(Obstfeld,1994;Acemoglu and Zilibotti,1997;Levine,2000;Bekaert et al.,2005)

从 King 和 Levine(1993)开始,很多学者开始关注金融发展与经济增长之间的非线性关系,尤其是在高人均 GDP 的经济体中可能存在金融与经济发展的负向关系。(Aghion et al.,2005;Rioja and Valev,2004;Arcand et al.,2012)Hsu 等(2014)和 Beck 等(2016)分别对金融创新和实体经济增长、经济波动性、银行脆弱性的关联进行了实证研究。一方面,金融创新与国家经济增长机会、人均 GDP、对外部投资依赖程度较高的产业发展速度存在紧密的关联;另一方面,金融创新带来了经济增长率的大幅波动、银行体系的高脆弱性。金融创新在市场导向金融体系的国家、银行系统竞争更激烈的国家、监管框架更严格的国家作用效果更强。金融创新既是促进金融市场发育、金融行业发展和经济增长的主要力量,也是带来金融风险、导致金融不稳定、加剧经济失衡的重要因素。(何德旭和王卉彤,2008)

此外,还有一些研究表明,金融创新能够通过分散风险为经济稳定提供保障。(Allen and Gale,1994;Tufano,2003;Schweitzer,2006)Dynan 等(2006)通过分析金融创新对居民消费、住房投资等的影响,发现金融创新促进了 20 世纪 80 年代中期美国经济的稳定;Dynan 等.(2006)的研究认为,在 21 世纪早期,金融创新是降低经济波动幅度的关键因素;Arias 等.(2007)利用一般均衡模型研究并解释了金融创新减缓资产价格波动、商业周期波动和宏观经济波动的原因。

3.1.2 金融创新与社会福利

关于金融创新的社会福利效应,学者们的结论并不一致。Ross(1976)发现期权交易通过复杂的金融契约形成的资产组合有效地配置了金融资源,提高了社会福利。Hendershott 和 Shilling(1989)、Sirmans 和 Benjamin(1990)以及 Jameson 等.(1992)分别对抵押贷款证券化进行了分析,发现抵押贷款市场的创新使得贷款利率实质性地降低,从而提高了社会福利。Merton(1992)以美国抵押贷款市场、衍生品市场、共同基金市场的发展对美国经济的影响为例,认为金融创新可以为社会带来巨大的净福利效应。Allen 和 Gale(1988,1991,1994)关于卖空限制的系列研究表明,如果卖空被严格限制,金融创新就能够提高社会福利和效率。但是,当市场允许卖空时,均衡则可能被打破,如果允许无限制卖空,金融创新的私人收益与社会收益并不相等,金融创新就不必然导致社会福利的提高。一些学者从市场完备性的角度出发,运用理论模型分析的方法考察了金融创新对社会福利的影响。Allen 和 Gale(1994)、Duffie 和 Rahi(1995)发现,金融创新带给参与者更多的选择自由,从而在帕累托最优的定义上提高了社会福利。Tufano(2003)认为,金融创新致力于交易成本、搜寻成本和营销成本等的最小化。

相反的观点认为,金融创新对某一投资者福利的细微改善是以其他投资者的较大损失为代价的。(Tirole,1988)Jameson 等(1992)对共同基金市场的发展进行了定量分析,发现金融创新的避税效应减少了国家税收,对社会公平和福利都存在负面影响。Elul(1995)的研究则发现,对于几乎所有交易商品数量大于 1 的不完全市场经济条件下的一般均衡,引入金融创新都会导致社会福利下降。Garber(1999)对垃圾债券的社会净福利进行了定量分析,认为金融创新的复杂性会增加社会成本,降低社会福利。Gennaioli 等(2012)的研究认为,金融创新有利于金融而不利于投资者,会对整个社会福利造成损害。

Allen 和 Gale(1994)强调,无论是认为金融创新会增加社会福利的学者,还是认为金融创新会降低社会福利的学者,都希望能够量化金融创新的社会福利。但是,正如 Tufano(2003)指出的,这实际上是不可能的,因为金融创新是一个螺旋式上升的演进过程,要清楚地界定金融创新的成本与福利是非常困难的。

3.2 金融创新对金融市场及其参与者的影响

3.2.1 金融市场效率与稳定性

关于金融创新对金融市场效率的影响的研究主要集中在各类金融创新工具对市场信息效率的作用方面。比如,Amin 和 Ng(1997)、Bae 等(2004)均发现,期货交易有助于提高信息效率和交易效率。

3. 证券市场金融创新的研究现状

Bohl 等(2011)的研究则认为,衍生工具对市场信息效率的作用受投资者影响,当投资者结构不同时,作用效果不同。当然,也有一些研究发现,金融创新对市场效率的影响并不显著(Chan and Wei,2001;Chung et al.,2014),甚至会降低市场效率(Gerardi et al.,2010)。交易机制的创新也是学者们关注的重点,近年来,大量研究探讨了卖空机制与证券市场的关系。①

大量研究表明,金融创新具有分散风险(Merton,1992)、重新配置风险(Tufano,2003)的功能,是克服市场不完全、治理道德风险的良方(Ross,1989)。Miller(1986)对美国 20 世纪 60 年代中期以来的金融创新进行了回顾,认为金融创新有利于整体金融稳定和安全,严重的金融动荡将因金融创新而平息。Duffie(2008)的研究表明,以风险转移为目的的资产证券化有助于降低风险转移的成本。Pilar 和 Rafael(2002)关于衍生品交易对个股价格稳定性影响的研究,以及 Blair(2010)关于影子银行对市场稳定性的研究都提供了相应的经验证据。此外,Adcock 等(2014)使用欧洲 27 国股票指数数据检验了金融危机期间不同国家股票市场针对坏消息的反应,结果发现金融创新程度的提高有利于市场和投资者信心的稳定。

尽管多数研究支持金融创新有利于金融市场的稳定,但也有一些相反的观点。比如,Petersen 和 Rajan(2002)的研究指出资产证券化等金融创新可能导致违约率上升;Wagner(2007)发现金融创新虽然降低了信息不对称程度,但由于存在委托代理问题,金融创新会增加经理人的冒险动机;Gai 等(2008)认为过度的资产证券化等金融创

---

① 关于卖空机制与证券市场的关系,我们将在 3.4 节详细说明。

新可能导致金融机构作出蓄意寻求私利的欺诈行为,这也在一定程度上加重了对于经济波动的放大效应;Rajan(2006)、Dell'Ariccia 等(2008)、Keys 等(2010)发现一些金融创新还会导致产生金融脆弱性。

此外,还有一些学者认为金融创新是近年来各种危机爆发的根本性原因。(Brunnermeier,2009;Gennaioli et al.,2012;Thakor,2012;Boz and Mendoza,2014;Corsi et al. 2016)在金融创新的过程中,金融中介的结构、地位和规模与其从事金融创新的动力和水平有很大的关联,金融创新会导致市场价格波动,反过来亦能成为抑制价格波动的工具,金融创新对市场的影响是通过市场参与者的流动来实现的。中介机构往往利用普通投资者的信息劣势,隐瞒金融创新的风险(Gennaioli et al.,2012),刻意设计复杂的金融产品(Henderson and Pearson,2011)。在金融创新产品发行或交易扩大之后,一旦投资者意识到这种被忽视的风险,他们就会立刻抛售手中的证券产品,基于个体风险规避和转移的理性可能演变为集体的非理性,市场立刻变得非常脆弱,整个金融体系可能崩溃。(Minsky,1977)

3.2.2　金融创新中的创新者与投资者

一般来说,金融创新具有寻租性质,如果某些投资者对于金融创新产品的认识存在偏差,盲目相信金融市场的有效性和金融工具的高收益性,金融机构就有可能利用投资者的错误理解,蓄意通过复杂的金融工程方法创造新的金融产品并过高定价,进而获得超额的租金收益。(Biais and Weber,2009)Henderson 和 Pearson(2011)给出了金融创新利用复杂的金融工程方法剥削无知投资者的重要证据。

Duffie 和 Rahi(1995)认为,金融创新是金融产品提供者对其利润最大化追求的产物。金融创新和其他创新一样,可以给金融创新的垄断者带来垄断性收益。(Aghion et al.,2004)Tufano(1989)的研究表明,投资银行通过发行创新产品获取更大的市场份额,收取承销费用,以此赚取高额利润。Bhattacharyya 和 Nanda(2000)发现,市场份额、监管环境会显著影响投资银行发行创新产品的动机。Burth 等(2001)利用结构化金融产品交易价格数据,发现结构化金融产品过度定价,给创新者带来了丰厚的利润。Philippon 和 Reshef (2008)的经验研究表明,在金融创新浪潮中,相较于其他经济部门,金融部门经理人的报酬显著提升,进一步研究表明,增加的报酬主要来自于金融创新产品虚高价格的租金收入。Henderson 和 Pearson(2011)研究了结构化金融产品过度定价的动态过程,发现结构化金融产品的实际价格远高于理论价格。

从投资者的角度看,金融创新在时间、空间、方向和产品等方面提供了更多选择,满足了个性化投资和分散风险的需求。Nanda 和 Yun(1996)关于对可转债中的毒性卖权(poison put)的研究表明,毒性卖权的运用有效缓解了债权人与股权人之间的潜在利益冲突,同时向外传递公司未来可能被收购的利好信息,从而对股权投资人的财富产生正向作用。Doherty(1997)认为,保险公司运用衍生产品有助于重大灾难中的风险对冲。Shadab(2009)发现 2008 年金融危机期间,对冲基金的表现明显优于受到严格监管的共同基金部门,其表现比濒临崩溃的银行业表现更为从容,这主要是因为对冲基金更多地参与交易各种创新金融工具,这表明更多地参与金融创新能够帮助投资者在同等风险下提高盈利能力。

但 Allen 和 Gale(1988,1991,1994)的系列研究指出,金融创新可能导致部分参与者效用的降低。Nanda 和 Yun(1996)基于可转债市场的研究发现,可转债有利于增加股票投资者收益,但可能对债券投资者的收益产生负面影响。Rogalski 和 Seward(1991)对外汇权证的研究结果表明,权证发行者能够从创新产品发行中获得更大的利益,然而投资者可能会过度支付此类创新产品。Jarrow 和 O'Hara (1989)对股利收益证券及股价上涨收益证券的研究也发现了类似 Rogalski 和 Seward(1991)过度支付的观点,但他们同时认为金融创新的对冲套保功能可能让所有关联方受益。Krugman(2007)则认为创造创新产品的机构诱使投资者承担了超出他们预料的更大的风险。

3.2.3 非理性行为

无论是在基础证券市场(Barber and Odean,2000)还是在衍生品市场(Bauer et al.,2009),投资者都会作出大量的非理性行为。近年来,学者们对投资者的各类非理性行为进行了大量研究,包括有限关注(Barber and Odean,2008)、分散不足(Corwin and Coughenour, 2008)、羊群行为(Barber et al.,2009)、处置效应(Odean,1998)、过度自信(Odean,1999;Barber and Odean,2000)、本地偏好(Seasholes and Zhu,2010;Liao et al.,2014)。

一些学者从博彩(gambling)(Kumar,2009;郑振龙和孙清泉,2013)、娱乐(entertainment)(Dorn and Sengmueller,2007)、冒险(sensation-seeking)(Grinblatt and Keloharju,2009;攀登等,2008)等不同

3. 证券市场金融创新的研究现状

方面对投资者非理性行为产生的原因和交易动机进行了分析。近年来,部分研究(Kumar and Lee,2006;Barber et al.,2009;Yuan,2015;胡昌生和池阳春,2013;史永东和王谨乐,2014;张维等,2015;谢军和杨春鹏,2015;储小俊等,2015)还发现,投资者非理性行为会影响资产价格的形成和市场的稳定性。

一般来说,创新型金融产品往往涉及较高的杠杆,有利于形成正偏度的收益结构,对有投机交易目的和非理性的投资者更具吸引力。Barber和Odean(2000)的研究表明,20世纪90年代初的互联网革命改变了投资者的交易方式,那些交易频繁、投机性强的投资者更早接受网上交易。Lakonishok等(2007)发现,大量投资者参与期权交易是出于投机的目的,那些投资经验最差的投资者在泡沫高涨时期大量买入看涨期权。Bauer等(2009)分析荷兰数据后发现,过去投资业绩较差的投资者更加倾向参与期权交易,而且多数投资者进行期权交易的目的是博彩和娱乐。Hon(2012)研究了中国香港地区衍生品市场上的投资者行为,发现不管行情好坏,那些参与衍生品交易的股票投资者都更为活跃。姚爽等(2015)的研究表明,投资者的风险偏好异质程度和羊群效应异质程度越高,金融创新产品的扩散深度越大,扩散速度也越快。

个人投资者除了可能无法充分理解金融创新外,非理性交易也会让其在金融创新中蒙受损失。Poteshman(2001)对SPX指数期权的研究发现,投资者对个别波动率的变化反应迟钝,而对整体波动率的变化反应过度。Koonce等(2006)发现在大多情况下,投资者对基金公司使用衍生工具对冲风险表示满意,即使在对冲结果不好的情况下也如此。Liao等(2014)发现权证市场上的个人投资者存在大量非理性行为和过度支付的情形。Wang等(2011)分析了中国期货市场投资者行为,发现机构投资者采用反转策略,个人投资者则采用动量策略。Li等(2014)发现投资者在创新产品交易市场上是博彩型的。Bauer等(2009)、Liao等(2014)和Li等(2014)的研究还表明,因为个人投资者是非理性的,所以他们在创新产品的交易中承受了巨大的损失。

3.3 有关卖空交易市场效应的研究

3.3.1 定价效率

长期以来,资产定价效率一直受到金融学界的广泛关注。有效市场理论的支持者认为,由完全理性投资者组成的市场,资产价格能准确、充分且迅速地反映所有市场信息。在有效市场理论框架下,即使某些投资者有非理性行为,一方面,不同投资者之间的非理性会相互抵消;另一方面,由于存在理性的套利者,套利行为会消除非理性行为对价格的影响。但是,无套利均衡的基本前提是市场不存在卖空约束,而事实上,世界各国市场都会对卖空行为设置或多或少的限制(Bris et al.,2007)。

大量理论研究表明,卖空约束对资产定价效率有着负面影响。Miller(1977)指出,当市场存在卖空约束时,对未来持悲观态度的投资者只能选择离开,这会导致资产价格不能有效地吸收市场的负面信息。Diamond和Verrecchia(1987)通过模型研究发现,卖空约束还会导致部分信息交易者离场,资产定价效率降低,资产价格对私人信息的调整速度也会减缓。Duffie et al.(2002)认为,搜寻成本和相关交易费用的提高会对卖空行为形成内生性约束,从而对价格的效率产生冲击。近年来,很多学者还通过实验的方法研究发现,在实验环境下引入卖空机制能显著降低资产价格的波动率,提高资产定价效率,如 Lei 等(2001)、Noussair 等(2001)、Ackert 等(2002,2006)、Haruvy 等(2007)、Fellner 和 Theissen(2011)等。

很多经验证据也支持引入卖空机制有利于提高价格的信息效率这一结论。Aitken 等(1998)以及 Danielsen 和 Sorescu(2001)都发现,卖空机制的引入有利于提高资产价格对负面信息的吸收速度。Christophe 等(2004)、Boehmer 等(2008)以及 Diether 等(2009)基于卖空交易量数据的研究发现,卖空交易者拥有与价值相关的信息,他们的交易行为能够帮助修正错误定价,从而提高定价效率。近年来,基于我国融资融券交易试点的相关研究表明,融资融券交易促进了我国资本市场效率的提高,有利于矫正高估的股价(李科等,2014)、提高股价的信息含量(Chang et al.,2014;李志生等,2015)。

当然,也有一些研究发现,卖空交易者的操纵行为和捕食交易策略(predatory trading strageties)会降低资产的价格效率(Goldstein and Guembel,2008),或者导致价格对信息的过度反应(Brunnermeier and Pedersen,2005)。Brent 等(1990)、Mayhew 和 Mihov(2004)、Alexander 和 Peterson(2008)等的实证研究也都表明,卖空机制的引入并没有实质性地改善资产定价效率。

3.3.2 资产泡沫

Miller(1977)指出,在市场不能做空的情况下,资产价格反映的是乐观投资者的估值,而悲观投资者只能离开市场,泡沫由此产生;Harrison 和 Kreps(1978)的分析结果也表明,在投资者能够自由买卖资产的前提下,如果乐观的投资者预期能够将资产以更高的价格卖给其他更乐观的投资者时,他们会付出高于自己估值的价格去买入资产。这种将资产卖给更乐观的投资者的信念会将资产价格不断推高,从而形成泡沫。在 Miller(1977)、Harrison 和 Kreps(1978)的研究基础上,很多学者基于不同的假设和分析框架作了进一步的拓展和论证,普遍得出了卖空约束与资产泡沫的形成存在直接联系的结论。(Jarrow,1980;Allen et al.,1993;Chen et al.,2002;Scheinkman and Xiong,2003;Hong et al.,2006)

国内研究方面,周春生和杨云红(2002)认为,中国股票市场由于卖空机制缺失,当股票市场价格高于内在价值时,市场产生对股票的超额需求,持有股票的投资者不肯轻易卖出,或者市场有限的股票被少数人所操纵,会导致股票价格暴涨;王茵田、朱英姿、章真(2012)等人以评价准则为基础,构造了非模型的误差度量方法,从而证明价格偏离受理性避险动机及其他因素的影响;古志辉、郝项超、张永杰(2011)则从卖空约束、投资者行为以及信息不对称三个方面探讨市场估值与定价泡沫的影响因素;陆静、曹国华、唐小我(2011)考虑到异质信念因素的影响,在此基础上建立两阶段定价模型,并指出 H 股价格低于 A 股价格是因为投资者异质信念和卖空限制的影响。罗黎平和饶育蕾(2011)在非线性适应性演化系统思路下构建了股票价格动力学模型,该模型不仅考虑了卖空机制,同时也引入信息冲击变量,最终结果指出,当市场禁止卖空时,股票价格对利好信息冲击反应过度,而对利空信息冲击则不会出现过度反应;反之则不然。这些研究都有力地表明了卖空约束对泡沫的产生有一定的正面影响。

但是,Diamond 和 Verrecchia(1987)的理性期望模型(rational expectations model)表明卖空约束会降低信息的定价效率,但在理性预期和风险中性假设下,市场参与者在估值过程中会考虑卖空约束对持有负面消息的投资者的挤出作用,因而不会导致资产价格被系统性地高估。关于卖空约束可能导致资产价格被低估的结论也被 Hong 和 Stein(2003)、Yuan(2004)的研究所支持,他们证明卖空约束会导致负偏度的收益分布(negatively skewed return distribution),并可能导致市场崩溃。陈国进、张贻军(2009)通过 Hong 和 Stein(2003)的异质信念模型及固定效应条件 Logit 模型得出我国市场(个股)发生暴跌的可能性受投资者的异质信念程度正面影响这一结论。

此外,也有学者认为卖空约束对资产价格波动的作用还受其他因素影响,因此不能作出简单绝对的定论。Gallmeyer 和 Hollifield(2008)的模型分析结果显示,卖空约束既可能导致资产价格高估,也可能导致股票价格低估,具体的影响方向取决于乐观投资者跨期替代弹性(intertemporal elasticity of substitution)的大小;张维、张永杰(2006)提出了一个基于严格卖空限制和异质信念的风险资产定价模型,发现资产价格的高估程度取决于市场上乐观投资者和悲观投资者的比例。

和理论研究结论相似,有关卖空机制是否能降低资产泡沫的实证研究结论也不尽相同。一方面,一些研究表明卖空机制的缺失是导致资产价格被高估的重要原因,市场引入卖空机制有利于抑制资产泡沫。(Figlewski,1981;Figlewski and Webb,1993;Danielsen and Sorescu,2001;Jones and Lamout,2002;Ofek *et al.*,2004;Boehmer *et al.*,2006;Chang *et al.*,2007;Liao *et al.*,2012;陈国进和张贻军,2009;陈国进等,2009;古志辉等,2011)另一方面,部分学者发现,卖空机制和卖空行为对资产价格影响的方向并不明确。(Chen *et al.*,2002;Asquith *et al.*,2005;Battalio and Schultz,2006;Boehmer *et al.*,2010)Brent等(1990)的研究发现,引入卖空机制后的一个月内,资产的收益并没有降低;Mayhew和Mihov(2004)的实证研究结果表明,引入卖空机制所带来的负超额收益并不具备稳健性;Alexander和Peterson(2008)、Boehmer等(2008)对取消卖空约束的股票进行了实证研究,发现卖空约束的取消对股票价格没有明显的影响;廖士光、杨朝军(2005)基于中国台湾地区股票市场数据的实证研究结果也表明,卖空机制不是导致股票价格变化的直接原因。

3.3.3 价格稳定性

已有的关于卖空机制对资产价格波动性和市场稳定性的影响的研究成果颇多,但是存在一定的分歧。

首先,很多理论研究指出,卖空约束的存在会导致系统性的定价偏差,引起资产价格的暴涨暴跌和剧烈波动。Hong和Stein(2003)的模型研究发现,卖空约束使得价格吸收信息的速度不够快,不能充分反映市场信息(特别是负面信息),容易引起暴涨暴跌甚至崩盘。他们认为,由于存在卖空约束,那些本来打算做空的悲观投资者可能成为"边际支持买家"（marginal support buyers），市场悲观情绪被隐藏，但在资产价格下跌时，市场所积累的负面隐藏信息会突然释放，从而加速价格下跌。Bai等（2006）的模型研究表明，由于对知情交易者有着显著的影响，卖空约束会降低价格中的信息价值，从而增加非知情交易者所承担的风险，因此卖空约束可能降低资产价格并提高其波动性。Anufriev和Tuinstra（2013）分析发现，由于卖空约束的存在，资产价格对信息的调整速度会减缓，错误的定价难以被纠正，在资产价格被高估的情况下，卖空约束会进一步提高资产价格的高估程度和价格的波动性。

近年来，很多实验研究和实证研究结果也支持上述结论，比如：Haruvy等（2007）、Fellner和Theissen（2011）基于实验室环境的研究，Kim（1996）基于新加坡市场的研究，Hung和Fung（2001）、陈淼鑫和郑振龙（2008）基于中国香港地区市场的研究，Bris等（2007）、陈淼鑫和郑振龙（2008）基于不同国家证券市场的研究，以及肖浩和孔爱国（2014）、李志生等（2015）基于中国融资融券市场的研究。此外，Diether等（2009）的研究还表明，参与卖空的投资者倾向于采取反转交易（contrarian trading）策略，这会起到稳定市场的作用。

与上述研究结论不同，也有一些学者发现，由于卖空机制的存在，资产价格在下行时会产生过度波动，因此卖空交易也可能提高价格的波动性。国外研究方面，Bhojraj等（2009）假设市场中存在聪明的投资者，并基于此研究套利行为中追加保证金的风险，结果表明放松保证金限制（即允许有更多卖空）会提高资产价格的高估程度，从而增加价格波动风险。Keim和Madhaver（1995）、Aitken和Frino（1996）、Henry和McKenzie（2006）、Chang等（2007）、Boulton和Braga-Alves(2010)等的实证研究均表明,卖空机制和投资者的卖空行为提高了资产价格的波动性。Macey 等(1988)、Altken 等(1998)、Morris 和 Shin(1998)等的研究则指出,允许卖空可能导致产生皮格马利翁效应(Pygmalion effect),从而加速市场的下跌和崩溃。国内研究方面,胡华锋(2012)基于中国香港地区证券市场数据的研究指出,推出卖空机制显著提高了市场波动性,同时,卖空交易额的变化可以解释市场波动性的变化;褚剑和方军雄(2016)基于中国融资融券市场数据的研究也发现,融资融券制度的实施增加了股价的崩盘风险。

还有一些研究认为,卖空交易与价格波动之间的关系较为复杂,要么不显著,要么不是线性的(King,1993;Figlewski and Webb,1993;王昱等,2008)。卖空交易对价格稳定性的影响方向和程度还可能取决于其他因素,如模型信息参数和外生变量的设定(Kraus and Rubin,2003),信息的利好与利空(罗黎平和饶育蕾,2011),卖空交易者的类型、操作策略及交易信息的公开程度(廖士光和杨朝军,2005)。陈海强和范云菲(2015)对比真实波动率与构造的反事实波动率路径,发现融资融券制度的推出有效降低了标的个股波动率,对股市波动率的影响存在非对称性:融资降低了波动率,融券提高了波动率,但由于融资比融券更为活跃,因此净效应为负。李琛等(2017)基于中国融资融券市场数据的研究发现,在市场上涨阶段,卖空能有效抑制股价崩盘风险(减缓风险释放);在下跌阶段,会增加股价崩盘风险(加速风险释放)。

3.3.4 公司治理

近年来,很多学者开始关注卖空机制的外部治理效应。资本市场具有反馈机制,上市公司的决策者(如董事会和经理人)能够根据市场的反馈调整公司决策(Bond et al.,2012;Grullon et al.,2015)。作为资本市场上最为重要的交易机制之一,卖空交易不仅会影响资产的价格、波动性和流动性,也会影响企业的行为。

关于卖空机制影响经理人行为和公司治理的研究,文献中已有广泛的讨论。比如,Massa 等(2015)、Fang 等(2016)均发现卖空机制能够有效抑制公司的盈余操纵管理行为,证明卖空交易是一种外部治理机制;Massa 等(2015)发现,大股东会通过强化公司内部治理以降低企业面临的潜在卖空风险,并且这种效应在融资受限的公司中更显著;He 和 Tian(2015)发现卖空机制显著增加了企业的创新产出;De Angelis 等(2017)则发现,在面临卖空威胁时,公司会给予经理人更多的股权激励,使经理人的利益与公司治理紧密相连。

从信息治理的角度看,卖空机制在提高价格的信息效率的同时,也会加强投资者和公司经理人之间的信息传递,降低投资者和经理人之间的信息不对称,缓解委托代理问题,从而对公司形成有效的外部监管。已有文献指出,与其他类型的投资者相比,卖空交易者更有动力去跟踪和监督公司管理层的行为(Karpoff and Lou,2010;Hirshleifer et al.,2011),并通过交易来影响管理层的行为,进而约束经理人的不当行为,影响企业的决策(He and Tian,2015;Massa et al.,2015;Li and Zhang,2015)。

很多研究指出,卖空交易者是知情交易者,他们有能力在消息公开之前获取公司的负面信息,从而发现卖空获利的机会。Christophe 等(2010)的研究表明,卖空者往往提前知道分析师要作出下调股票评级的决定,在分析师下调股票评级之前,卖空头寸会显著增加,而且卖空量与评级公告日之后两个交易日的股票收益显著负相关。Boehmer等(2012)发现,相较于分析师,卖空者对企业的基本面更为了解,在分析师下调股票评级和下调该股收益预测之前的一周内,卖空者进行了大量交易。Chakrabarty和Shkilko(2013)的研究发现,卖空交易量在公司内部人交易信息公布之前显著增加,在公司内部人交易信息公布当日却异常低,这说明内部交易之前的卖空是知情者交易而不是投机行为。Massa等(2015)的研究也指出,卖空交易者是重要的知情交易者之一,他们的行为会加速内部人交易,进而提高市场效率。

上述关于卖空交易对负面信息预测能力的研究,从侧面印证了卖空交易者是知情交易者。卖空交易之所以能够预测未来的收益,一方面可能是由于卖空交易者具有公司层面的内幕信息,另一方面可能是由于他们有能力去发现那些价值被高估的公司。Diether等(2009)为此提出了四种潜在解释:第一,卖空交易者要么是公司内部人,要么有渠道获取未公开的公司信息,特别是负面信息;[①]第二,卖空交易者一般是经验丰富的投资人,[②]他们具备发现过高估值的股票的能力;第三,卖空交易者会主动为临时的买方指令差额提供流动性,随着买方压力降低,股价会逐步回落至正常水平,卖空交易者便可以通过卖空交易获利;第四,在市场不确定性提高的时候,卖空交易者会进入市场提供额外的风险分担能力。

正是因为卖空交易者是知情交易者,他们在资本市场上可以起

---

① 很多研究结果都支持这一假设,如Karpoff和Lou(2010)就发现公司财务丑闻曝光前至少一年内的卖空交易活动会显著增加。

② Boehmer等(2008)的研究表明,75%的卖空交易来源于机构投资者,而来源于个人投资者的卖空交易不到2%。

到信息中介的作用,这能有效降低公司与投资者之间的信息不对称程度,改善公司治理。国外研究方面,Massa等(2015)基于卖空交易者的信息中介作用及其对价格有效性的影响,提出了卖空影响经理人行为的"约束假说"。他们认为,外部投资者会通过"用脚投票"的方式对经理人的不当行为作出反应,这些不仅会导致股票价格暴跌,造成持有公司股票期权的经理人财富缩水,还会影响经理人的职业声誉,甚至导致经理人失业。当市场允许卖空交易时,卖空行为会坚定投资者的交易立场,从而对股票价格进一步施加向下的压力,加重对经理人不当行为的惩罚。因此,卖空机制的存在会对经理人形成一种潜在的威胁,但这有利于约束经理人的自利行为,改善公司治理。

国内研究方面,陈晖丽和刘峰(2014)的研究表明,我国融资融券试点的推出显著降低了标的公司的应计盈余管理和真实盈余管理规模;靳庆鲁等(2015)发现,由于投资者会通过卖空操作将利空消息融入股价中,当面临较差的投资机会时,可卖空公司的大股东有动机监督管理层及时调整投资决策,从而改善公司治理;张璇等(2016)发现,融资融券交易试点的推出显著降低了卖空标的公司报告财务重述的概率;李春涛等(2017)发现,引入卖空机制显著提高了标的公司的信息披露质量。

3.4 小　　结

现有文献从经济增长、社会福利、市场效率、创新者和投资者等不同的角度对资本市场创新的影响进行了研究,并取得了相对丰富的理论和经验研究成果。

已有的关于卖空机制市场效应的研究多以不同国家市场为样本,由于不同国家市场除了在卖空机制上有不同的实践外,经济环境、市场发展水平、法制与监管等方面都存在较大差异,研究结果很容易受到干扰。2010年3月,我国A股市场推出的融资融券试点为研究信用和卖空交易的市场效应提供了很好的自然实验环境。首先,与发达市场不同,我国股票市场只有少部分股票为融资融券标的,其他大部分股票并不能卖空,这为我们的研究提供了理想的实验组和对照组。自融资融券交易试点推出以来,我国融资融券标的股票先后进行了多次微调,存在加入或被剔除出融资融券标的的样本,这有利于我们进行事件分析和对比分析,得到更为可靠的研究结论。

其次,我国融资融券业务在市场参与者层面存在非常明显的非对称性特征。其一,只有部分试点会员证券公司具有融资融券权限;其二,会员证券公司在投资经验、资金规模、风险承担能力等方面对参与融资融券的投资者有苛刻的要求。因此,实际结果是只允许一部分具有较强资金实力和持续盈利能力的专业投资者参与融资融券业务。一方面,这些专业投资者可能拥有更多的信息和更为理性的判断,他们的交易行为能够更高程度地影响股票价格;另一方面,只允许少部分专业投资者卖空,有利于抑制皮格马利翁效应,起到有序推进试点工作和避免市场崩溃的作用。近年来,我国金融市场的实践和经验在世界范围内受到广泛关注,本研究也有利于传播"中国经验",为世界各国资本市场实践和制度创新提供借鉴。

再次,由于制度设计等多方面的原因,自我国融资融券交易机制

3. 证券市场金融创新的研究现状

推出以来,市场融资融券交易量比较小。截至2017年年底,融资余额和融券余额在A股流通市值中的占比仅为2.456%和0.011%,与发达市场存在明显的差异。① 因此,如果能够在中国这样的市场背景下发现融资融券的某种作用(比如,提高定价效率、稳定市场、改善公司治理等),将为卖空机制的市场效应提供更强的来自新兴市场的证据。同时,相关的研究结论也将暗示,相对于交易量和交易行为来说,卖空机制对市场稳定性具有决定性的作用。

最后,由于发达市场往往同时存在多种卖空途径(如融券、期货、期权等),对某一特定卖空方式的研究(Saffi and Sigurdsson,2011; Boehmer and Wu,2013)往往受到其他卖空方式的影响。我国作为新兴的资本市场,融券交易是目前唯一的针对特定股票的卖空交易方式,这有利于控制其他卖空途径对研究结果的干扰,研究结论更具可信性。

---

① Saffi 和 Sigurdsson(2011)的统计结果显示,美国、英国、澳大利亚等26个国家或地区的股票市场的日平均融券余额占所有股票交易总量的5.75%,其中,美国为8.91%,中国香港地区为1.61%,泰国为0.46%。

4. 定价效率

定价效率是反映证券市场效率和质量的关键指标。证券市场创新对定价效率的提高具有重要作用,创新型金融产品、资产选择与风险管理工具以及交易与结算方式的出现有利于改善市场的价格发现机制,使资产价格更精准地反映市场信息。卖空交易机制的出现是金融创新进程中的一个重要里程碑,一方面,它通过信用交易为市场创造了充足的流动性;另一方面,它也为市场提供了一种新的价格发现机制。(Bris et al., 2007;Boehmer et al., 2008;Saffi and Sigurdsson, 2011;Boehmer and Wu, 2013;周春生和杨云红,2002;古志辉等,2011;罗黎平和饶育蕾,2011;陆静等,2011)

本章基于我国 A 股市场的数据,就融资融券交易对定价效率的影响进行研究。通过比较融资融券标的股票和非融资融券标的股票以及股票加入或被剔除出融资融券标的前后的定价效率,我们发现融资融券交易的推出改善了市场的价格发现机制,融资融券标的股票的定价效率得到了显著提高。在此基础上,我们进一步从流动性、信息不对称和持股宽度三个方面对融资融券交易提高股票市场定价效率的机制进行了分析。

4. 定价效率

4.1 研究设计

4.1.1 价格效率指标

已有文献主要从两个方面来衡量资产定价效率:一是价格的信息含量,即资产价格是否真实而充分地反映所有的市场信息,特别是基于公司层面的特质性波动;二是价格的信息反应速度,即资产价格能否及时且准确地吸收新的市场信息。

Morck等(2000)通过对不同国家股票市场中个股的联动(comovement)特征分析发现,相对于新兴市场,发达市场具有更大的异质性风险(heterogeneous risk)。他们通过进一步研究认为,异质性风险的大小可以用来衡量资产的定价效率。基于Morck等(2000)的研究,Bris等(2007)提出用当期个股收益率与滞后一期市场收益率的相关系数来衡量个股及市场的定价效率,具体计算公式如下:

$$\rho_{i,t}^{\text{Cross}} = \text{Corr}(r_{i,t}, r_{m,t-1}) \quad (4-1)$$

其中,$r_{i,t}$表示时间t时股票i的收益率,$r_{m,t-1}$表示时间$t-1$时的市场收益率。

实际上,相关系数等价于用个股收益率对滞后的市场收益率进行回归的回归参数,其数值越小,表明个股的收益率与过去的市场收益率的相关性越小,因而异质性风险越大。① 我们首先计算每只股票每个交易日的收益率与滞后1周(5个交易日)②的市场收益率之间的相关系数,然后计算每只股票在不同月份相关系数的平均值。由于相关系数的取值范围在 -1 到 1 之间,我们取其绝对值作为最终定价效率的代理变量,绝对值越低,表示股票吸收市场信息的速度越快,定价效率越高。

Hou 和 Moskowitz(2004)提出利用资产价格对市场信息调整速度的相对效率来衡量资产定价效率,构建了价格滞后指标,并得到了广泛的运用。(Lin *et al.*,2010;Saffi and Sigurdsson,2011;Boehmer and Wu,2013)如果市场不能将信息即时而充分地反映到股票的价格中,那么这些信息将会在以后陆续被吸收,从而导致价格反应滞后。这种滞后可以通过含有滞后市场收益率的回归模型得到,滞后变量的解释力越强,则价格对信息的反应时间越长。Hou 和 Moskowitz(2004)提出,用单只股票的收益率对同期以及滞后四期的市场收益进行回归:

$$r_{i,t} = \alpha_i + \beta_i \times r_{m,t} + \sum_{n=1}^{4} \delta_{i,n} \times r_{m,t-n} + \varepsilon_{i,t} \tag{4-2}$$

其中,$r_{i,t}$ 表示时间 t 时股票 i 的收益率;$r_{m,t}$ 表示时间 t 时的市场收益率;$r_{m,t-n}$ 表示滞后 n 期的市场收益率;$\varepsilon_{i,t}$ 为随机误差项。

首先,对模型(4-2)进行估计,得到原始模型的回归决定系数 R^2;然后,令滞后的市场收益率的系数为零,对回归方程进行估计,得

---

① 这一指标被学者们普遍接受,并广泛应用于相关研究,如 Saffi 和 Sigurdsson(2011)、Beber 和 Pagano(2013)等。

② Hou 和 Moskowitz(2004)、Bris 等(2007)指出,由于月收益率的波动过小,日收益率又包含过多的干扰,因此最优的滞后期为1周。

到限制模型的回归决定系数 R'^2。基于上述计算,可以得到第一个价格滞后反应指标:

$$D1_i = 1 - \frac{R'^2_i}{R^2_i} \qquad (4\text{-}3)$$

与 F 检验相似,这种衡量方法捕捉到单个资产收益率中由滞后的市场收益率所解释的比例。D1 取值越小,表明资产收益率对过去的市场信息的依赖程度越低,资产用来吸收市场信息所需的时间越短,从而定价效率越高。

除了回归决定系数,还可以用回归方程中解释变量的参数大小来衡量单个资产收益率对滞后的市场收益率的依赖程度,得到第二个滞后反应指标:

$$D2_i = \frac{\sum_{n=1}^{4} |\delta_{i,n}|}{|\beta_i| + \sum_{n=1}^{4} |\delta_{i,n}|} \qquad (4\text{-}4)$$

D2 捕捉到模型(4-2)中滞后市场收益率的回归系数在所有回归系数中的比重,取值越小,表明定价效率越高。

由于本章研究的样本期间为 5 年,如果使用年度数据计算上述指标,最终的数据样本会太少。我们参照 Boehmer 和 Wu(2013)的做法,将每只股票的日收益率对当日市场收益率以及滞后 1—4 天的市场收益率进行回归。① 得到股票在不同交易日的价格滞后反应指标后,计算每只股票在不同月份滞后反应指标的平均值。

---

① 在稳健性检验中,我们也尝试使用周数据进行计算,并得到相似的结果,限于篇幅,本章只列出基于日数据的计算结果。

除了上述指标外,已有文献还提出了其他指标,如 Morck 等(2000)提出的反映公司特质信息的 R^2 指标。但是,近年来该指标受到一些学者的质疑,认为其不能很好地捕捉信息。(Griffin et al.,2010;Saffi and Sigurdsson,2011)

4.1.2 计量模型

基于 Miller(1977)、Diamond 和 Verrecchia(1987)、Duffie 等(2002)、Bai 等(2006)的研究,本章提出以下基本假设:融资融券作为我国资本市场的一项基础性制度创新,有利于股票市场价格发现功能的有效发挥。在不允许卖空的市场,投资者信念的异质性无法通过自由交易得以释放,因此资产价格不能包含所有市场信息。融资融券一方面为投资者提供做空机制,有利于市场吸收负面信息,使股票价格更充分地反映市场情绪;另一方面也为投资者提供杠杆交易的机会,有利于股票价格更迅速地对市场信息作出反应。基于上述分析,从横向的角度看,那些能够做空的个股应该表现出更高的定价效率。同样的道理,从纵向的角度看,同一个股在卖空机制实施后应该表现出更高的定价效率。

为检验融资融券交易是否会对定价效率产生影响,笔者使用非平衡面板数据模型,分三个层次进行研究。

首先,对融资融券交易试点推出后融资融券标的股票与非融资融券标的股票的定价效率进行比较,具体模型如下:

$$\text{Efficiency}_{i,t} = \alpha_0 + \beta \times \text{Short\_List}_{i,t} + \gamma \times \text{Controls}_{i,t} + v_i + e_t + \varepsilon_{i,t}$$

(4-5)

其中,被解释变量 $\text{Efficiency}_{i,t}$ 表示时间 t 时股票 i 的定价效率;

解释变量 Short_List$_{i,t}$ 为虚拟变量,如果时间 t 时股票 i 为融资融券标的时取值为 1,否则取值为 0;Controls$_{i,t}$ 表示时间 t 时股票 i 对应的控制变量;v_i 和 e_t 分别表示个体效应和时间效应;$\varepsilon_{i,t}$ 为随机误差项。

其次,对特定股票加入或被剔除出融资融券标的前后的定价效率进行分析,设定以下模型:

$$\text{Efficiency}_{i,t} = \alpha_0 + \beta \times \text{Event}_{i,t} + \gamma \times \text{Controls}_{i,t} + v_i + e_t + \varepsilon_{i,t}$$

(4-6)

其中,解释变量 Event$_{i,t}$ 为虚拟变量,对于特定股票 i,事件(加入或被剔除出融资融券标的)发生前定义为 0,事件发生后定义为 1;其他变量定义与式(4-5)相同。

最后,以融资融券标的股票的融券卖空量为解释变量,分析卖空行为和卖空量对定价效率的影响,模型设定如下:

$$\text{Efficiency}_{i,t} = \alpha_0 + \beta \times \text{Short\_Flow}_{i,t} + \gamma \times \text{Controls}_{i,t} + v_i + e_t + \varepsilon_{i,t}$$

(4-7)

其中,解释变量 Short_Flow$_{i,t}$ 表示时间 t 时股票 i 的融券卖空量;其他变量定义与式(4-5)相同。

4.1.3 控制变量

参考已有文献,本部分研究的控制变量如下:

(1) 交易所(Exchange)

我国有上海证券交易所和深圳证券交易所两个证券交易所,虽然两个交易所所处的经济与市场环境相同,并接受相同的监管,但在发行制度、信息披露制度、投资者构成等方面存在一定的差异,这些方面可能对定价产生系统性的影响。(Liao *et al*.,2012)因此,我们定义交易所虚拟变量 Exchange,当股票来自上海证券交易所(以下简称"上交所")时取值为 1,当股票来自深圳证券交易所(以下简称"深交所")时取值为 0。

(2) 股票市值自然对数($\ln(Cap)$)、账面市值比(B/M)

Fama 和 French(1993)等大量文献发现公司的大小和账面市值比是影响股票价格的关键因素。Fama 和 French(2012)、杨忻和陈展辉(2012)发现公司的大小和账面市值比也会影响定价效率。为了控制上述因素的干扰,我们将股票市值的自然对数以及股票的账面市值比纳入控制变量。

(3) 换手率(Turnover)、买卖价差(Spread)

大量的理论和实证研究表明,证券的流动性与其定价效率具有相关关系。(Kyle,1985;Wurgler and Zhuravskaya,2002;Sadka and Scherbina,2007;Chordia et al.,2008)较低的流动性意味着更高的交易成本,从而阻碍知情交易者的交易,而在流动性充足的市场,知情交易者更有动力去获得更多更准确的信息。基于以上原因,我们在回归分析中对股票的换手率和买卖价差进行控制。

我们借鉴了 Corwin 和 Schultz(2012)提出的利用股票交易的最高价和最低价来估计买卖价差的方法。他们认为,最高价与最低价的比值既反映了股票价格的波动,也反映了买卖价差。其中,波动部分随时间区间的增大而同比例增大,买卖价差部分则不随时间区间的变化而变化。通过联立以下两个方程便可以求解买卖价差和波动率:

$$E\left\{\sum_{j=0}^{1}\left[\ln\left(\frac{H_{t+j}^0}{L_{t+j}^0}\right)\right]^2\right\} = 2k_1\sigma_{HL}^2 + 4k_2\sigma_{HL}\ln\left(\frac{2+S}{2-S}\right) + 2\left[\ln\left(\frac{2+S}{2-S}\right)\right]^2$$

(4-8)

$$E\left\{\left[\ln\left(\frac{H^0_{t,t+1}}{L^0_{t,t+1}}\right)\right]^2\right\} = 2k_1\sigma^2_{\text{HL}} + 2\sqrt{2}k_2\sigma_{\text{HL}}\ln\left(\frac{2+S}{2-S}\right) + \left[\ln\left(\frac{2+S}{2-S}\right)\right]^2$$

(4-9)

其中,S 表示买卖价差;H^0_{t+j} 和 L^0_{t+j} 分别表示在第 $t+j$ 个交易日观测到的股票最高价和最低价;$H^0_{t,t+1}$ 和 $L^0_{t,t+1}$ 分别表示连续两个交易日内观测到的股票最高价和最低价;σ_{HL} 表示波动率;k_1 和 k_2 为系数,估计方法见 Corwin 和 Schultz 于 2012 年发表的文章。

令

$$\beta = E\left\{\sum_{j=0}^{1}\left[\ln\left(\frac{H^0_{t+j}}{L^0_{t+j}}\right)\right]^2\right\}, \quad \gamma = E\left\{\left[\ln\left(\frac{H^0_{t,t+1}}{L^0_{t,t+1}}\right)\right]^2\right\} \quad (4\text{-}10)$$

联立方程后,求解可得:

$$S = \frac{2(e^\alpha - 1)}{1 + e^\alpha} \quad (4\text{-}11)$$

其中

$$\alpha = \frac{\sqrt{2\beta} - \sqrt{\beta}}{3 - 2\sqrt{2}} - \sqrt{\frac{\gamma}{3 - 2\sqrt{2}}} \quad (4\text{-}12)$$

(4) 市场行情(Market Type)

很多研究表明,定价效率在上涨行情和下跌行情时有着不同的表现。我国股票市场的波动性较大,投资者的情绪和交易行为更容易受到市场环境的影响,因此我们对市场行情加以控制。具体来说,就是定义行情虚拟变量 Market Type,当股票价格上涨时取值为 1,否则取值为 0。

4.1.4 数据描述

我们所用的融资融券数据来源于巨灵金融服务平台,起止时间为 2010 年 4 月至 2014 年 12 月。为了配合研究,我们从 CSMAR 数据库获取了 2009 年 4 月至 2014 年 12 月期间沪深主板所有 A 股的日交易数据。

如表 4-1 所示,我们研究的融资融券标的股票加入主要有五次。第一次为 2010 年 3 月 31 日,上交所、深交所正式启动融资融券交易试点,上交所融资融券标的股票范围为上证 50 指数的所有成分股,深交所为深证成指的所有成分股,共计 90 只股票。第二次为 2011 年 12 月 5 日,上交所融资融券标的范围为上证 180 指数成分股和 4 只开放式指数基金,深交所为深证 100 指数中的 98 只成分股和 3 只交易所 ETF 基金,除去基金后共计 278 只股票,其中新加入的标的股票共 189 只,被剔除出标的的股票 1 只。第三次为 2013 年 1 月 31 日,沪深股市融资融券标的股票数量由 278 只增至 501 只(沪市 301 只、深市 200 只),其中新加入的标的股票共 276 只,被剔除出标的的股票 53 只。第四次为 2013 年 9 月 16 日,沪深股市融资融券标的股票数量由 501 只增加到 701 只,期间没有股票被剔除出融资融券标的,206 只股票加入融资融券标的。第五次为 2014 年 9 月 22 日,沪深股市融资融券标的股票数量由 701 只增加到 901 只,其中 13 只股票被剔除出融资融券标的,218 只股票加入融资融券标的。由于基金和股票在本质上存在诸多差异,且融资融券标的基金数量较少,因此我们的研究样本并未包含基金。

表 4-1　五次主要融资融券标的股票加入范围

次数(时间)	新增标的股票数量(只)	被剔除出标的股票数量(只)	标的股票总数(只)	两市A股公司总数(家)	标的股票占A股公司总数百分比(%)
第一次(2010年3月31日)	90	—	90	1627	5.50
第二次(2011年12月5日)	189	1	278	1935	14.37
第三次(2013年1月31日)	276	53	501	2048	24.41
第四次(2013年9月16日)	206	0	701	2468	28.40
第五次(2014年9月22日)	218	13	901	2624	34.33

注：除五次主要调整外还有其他调整，本表未一一列出。

4.2　融资融券交易对定价效率的影响

4.2.1　描述性统计

基于 2009 年 4 月至 2014 年 12 月沪深两市主板所有股票的数据,表 4-2 中的"Panel A"计算了各主要变量的描述性统计指标。其中,三个效率指标 ρ^{Cross}、D1、D2 的定义见本章第 3 部分;Short Flow 表示月融券卖空量相对指标,即月融券卖空量与对应股票流通股数的比值;Short Interest 表示月融券余量相对指标,即月融券余量与对应股票流通股数的比值。从表中可以看出,三个效率指标 ρ^{Cross}、D1、D2 均表现出较大的波动性,标准差分别为 16.00%、27.65% 和 18.85%。我们还发现,样本期间的沪深两市融资融券标的股票的平均月融券卖空量只占所有流通股数的 0.2545%,平均月融券余量则更小，仅为所有融资融券标的股票流通股数的 0.0173%。可见，与发达市场相比，我国融券交易不够活跃，交易量较为有限。

表 4-2 统计性描述

Panel A 主要变量的描述性统计指标

变量	均值	标准差	最小值	最大值
ρ^{Cross}	0.2155	0.1600	0.0000	1.000
D1	0.3490	0.2765	0.0000	1.0000
D2	0.5467	0.1885	0.0000	1.0000
Short Flow（‰）	0.2545	0.5065	0.0000	23.6288
Short Interest（‰）	0.0173	0.0482	0.0000	3.6157

Panel B 效率指标之间的相关系数

	ρ^{Cross}	D1	D2
ρ^{Cross}	1.0000	0.0488	0.0479
		<.0001	<.0001
D1	0.0488	1.0000	0.8951
	<.0001		<.0001
D2	0.0479	0.8951	1.0000
	<.0001	<.0001	

表 4-2 中的 "Panel B" 给出了三个效率指标的相关系数矩阵。我们发现，ρ^{Cross} 指标与 D1、D2 指标的相关系数分别为 0.0488 和 0.0479，呈现正相关关系，说明这两类效率指标之间存在共同的部分，但是较小的相关系数又说明 ρ^{Cross} 与 D1、D2 分别捕捉了定价效率的不同方面。由于两个价格滞后反应指标 D1 和 D2 的计算模型与方法大体相同，因而具有较高的相关性，但同时，这两个指标又相互补充，D1 衡量的是 R^2 回归方程中由滞后的市场收益率所解释的比例，而 D2 则刻画了滞后的市场收益率系数的大小。

4. 定价效率

虽然我国融资融券市场整体融券卖空的规模较小，但是如图4-1所示，也可以看到自融资融券试点推出以来（特别是2012年8月转融通机制推出以来），融券卖空的规模增长非常迅速。融券规模的持续扩大，为研究卖空机制以及卖空行为的市场影响创造了条件。①

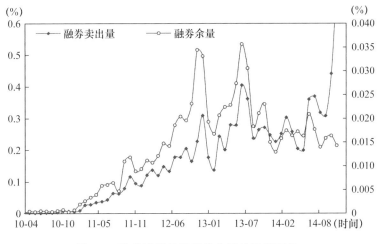

图4-1 融券卖出量和融券余量的动态变化

图4-2以 ρ^{Cross} 指标为例分别绘出了2009年4月到2014年12月期间融资融券标的股票和非融资融券标的股票定价效率的动态变化。一方面，不管是融资融券标的股票还是非融资融券标的股票，定价效率都呈不断提高的趋势（指标数值越低，表明定价效率越高）。另一方面，我们还发现，2009年4月，两类股票的定价效率基本相当，但是在整个样本期间，融资融券标的股票的定价效率的变化趋势

---

① 由于期初融券规模偏小，其市场效应无法充分发挥，导致已有的以第一次加入融资融券标的股票为样本的研究（廖士光，2011；许红伟和陈欣，2012）难以得到显著的研究结果。

线较非融资融券标的股票的变化趋势线更为陡峭,这说明融资融券标的股票的定价效率提高的速度更快。

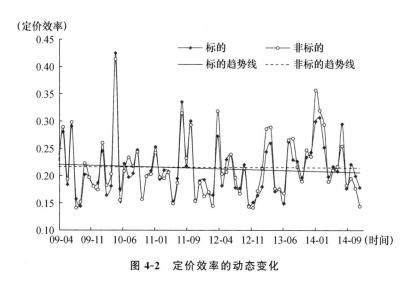

图4-2 定价效率的动态变化

4.2.2 回归结果分析

(1) 融资融券标的股票与非融资融券标的股票定价效率差异

我们首先选择2010年4月至2014年12月的数据,对融资融券标的股票与非融资融券标的股票在定价效率上的差异进行比较,对回归方程(4-1)进行估计,表4-3中的"Panel A"给出了回归结果。我们发现,卖空虚拟变量 Short_List 对三个定价效率指标 ρ^{Cross}、$D1$ 和 $D2$ 的回归系数分别为 -0.0075、-0.0529 和 -0.0347,且均在1%的水平下显著,可见融资融券标的股票的定价效率要显著高于非融资融券标的股票。

除了卖空虚拟变量(Short_List)对定价效率存在影响外,我们还

4. 定价效率

表 4-3 融资融券标的股票与非融资券标的股票的定价效率差异

变量	Panel A: 标的股票 vs. 非标的股票 Short Dummy: Short_List			Panel B: 加入标的前 vs. 加入标的后 Short Dummy: Event_In			Panel C: 剔除出标的前 vs. 剔除出标的后 Short Dummy: Event_Out		
	ρ^{Cross}	D1	D2	ρ^{Cross}	D1	D2	ρ^{Cross}	D1	D2
Intercept	0.2158***	-0.3740***	0.0728**	0.2099***	-0.7478***	-0.1046	0.2645	0.4634	0.7244***
	<.0001	<.0001	0.0150	<.0001	<.0001	0.2405	0.1064	0.1818	0.0083
Short Dummy	-0.0075***	-0.0529***	-0.0347***	-0.0001	-0.0709***	-0.0440***	0.0104**	0.0747***	0.0508***
	<.0001	<.0001	<.0001	0.9759	<.0001	<.0001	0.4261	0.0011	0.0041
Exchange	-0.0046***	0.0433***	0.0231***	-0.0055	0.0152	0.0044	-0.0246*	-0.0425	-0.0243
	<.0001	<.0001	<.0001	0.1117	0.2180	0.5832	0.0741	0.1749	0.3368
ln(Cap)	0.0005	0.0280***	0.0187***	0.0002	0.0426***	0.2571***	-0.0021	-0.0095	-0.0112
	0.4349	<.0001	<.0001	0.9050	<.0001	<.0001	0.7686	0.5294	0.3445
B/M	-0.0269***	-0.1421***	-0.0978***	-0.0175***	-0.0684***	-0.0580***	-0.0332*	-0.1145***	-0.0761***
	<.0001	<.0001	<.0001	0.0054	<.0001	<.0001	0.0523	0.0012	0.0051
Spread	0.4068***	4.2968***	2.7490***	0.7530***	3.3349***	2.0108***	0.7020	1.5063	1.4189*
	<.0001	<.0001	<.0001	0.0002	<.0001	<.0001	0.2611	0.1514	0.0689
Turnover	0.0017	0.1070***	0.0683***	0.0025	0.1227***	0.0722***	0.0047	0.2354***	0.1449***
	0.1460	<.0001	<.0001	0.4641	<.0001	<.0001	0.7999	<.0001	<.0001
Market Type	-0.0035***	0.0620***	0.0370***	-0.0054**	0.0529***	0.0291***	-0.0026	0.0720***	0.0403***
	<.0001	<.0001	<.0001	0.0379	<.0001	<.0001	0.7608	<.0001	<.0001
Stock-Level Effect	Yes	Yes	Yes	Yes	Yes	Yes	Yes	Yes	Yes
Month-Level Effect	Yes	Yes	Yes	Yes	Yes	Yes	Yes	Yes	Yes
Observations	97593	97593	97593	18078	18078	18078	1633	1633	1633
R-Square	0.0030	0.0784	0.0823	0.0022	0.0710	0.0562	0.0062	0.0824	0.0626

注:*、**和***分别表示 10%、5%和 1%的置信水平下显著。

发现交易所(Exchange)、账面市值比(B/M)、买卖价差(Spread)以及换手率(Turnover)等变量也是影响定价效率的重要因素。具体来说,公司规模越小、账面市值比越高、买卖价差越小、换手率越低,股票的定价效率越高。此外,相对于上涨行情,在下跌行情时股票表现出更高的定价效率。这与 Miller(1977)、Diamond 和 Verrecchia(1987)等的理论预测以及 Bris、Goetzmann 和 Zhu(2007)等的经验发现一致。放松卖空约束有利于资产价格对市场负面信息的吸收,从而提高定价效率。我们还发现,基于不同的定价效率指标,上交所挂牌的股票和深交所挂牌的股票的定价效率也有所不同,这与 Liao 等(2012)的研究结论较为相似。

(2) 股票加入融资融券标的对定价效率的影响

表 4-3 中的"Panel A"的结果虽然能够说明融资融券标的股票的定价效率和质量高于非融资融券标的股票,但是融资融券标的股票可能在融资融券试点推出之前就已经表现出较高的定价效率,因此可能存在内生性问题。为排除上述可能,我们把研究范围缩小到融资融券标的股票,对这些股票加入融资融券标的前后的定价效率和市场质量指标进行比较。我们以 2010 年 3 月 31 日初次加入融资融券标的的 90 只股票、2011 年 12 月 5 日新加入的 189 只股票、2013 年 1 月 31 日新加入的 276 只股票、2013 年 9 月 16 日新加入的 206 只股票以及 2014 年 9 月 22 日新加入的 218 只股票为样本,截取每只股票加入融资融券标的时点前后 12 个月的数据,[①]并将加入时点前的虚拟变量 Event_In 定义为 0,将加入时点后的虚拟变量 Event_In

---

① 截至 2014 年 12 月,第五次加入标的的股票尚不满 12 个月,这里按实际月份取值。

定义为 1,对回归方程(4-2)进行估计,结果如表 4-3 中的"Panel B"所示。

与"Panel A"的结果相似,在控制其他变量的影响后,融资融券标的加入事件(Event_In)对定价效率指标 ρ^{Cross}、D1 和 D2 的回归系数分别为 -0.0001、-0.0709 和 -0.0440,且后两者都在 1% 的水平下显著,说明股票加入融资融券标的后的定价效率有了显著提高。此外,交易所(Exchange)、公司规模(ln(Cap))、账面市值比(B/M)、买卖价差(Spread)、换手率(Turnover)、市场行情(Market Type)等变量对定价效率的影响方向和表 4-3 中的"Panel A"基本一致。

(3)股票被剔除出融资融券标的对定价效率的影响

作为对上一部分分析的补充,本部分进一步以融资融券试点推出后 82 只被剔除出融资融券标的的股票为样本进行事件分析。[①] 我们将被剔除时点前的虚拟变量 Event_Out 定义为 0,将被剔除时点后的虚拟变量 Event_Out 定义为 1,对方程(4-2)进行估计,结果如表 4-3 中的"Panel C"所示。

从回归结果可以看出,与加入融资融券标的样本的结果刚好相反,股票被剔除出融资融券标的这一事件(Event_Out)对三个定价效率指标 ρ^{Cross}、D1 和 D2 的回归系数分别为 0.0104、0.0747 和 0.0508,并且后两个系数均在 1% 的水平下显著,说明股票在被剔除出融资融券标的后的定价效率显著下降。

总之,综合表 4-3 的结果,我们认为融资融券交易的推出显著提高了标的股票的定价效率。

---

① 我们研究的被剔除出标的的股票样本共 80 只,由于被剔除时间较为分散,因此并未在表 4-1 中全部列出。

4.2.3 稳健性

本部分通过运用双重差分检验和融券卖空量对定价效率影响进行分析,对上述分析结果作进一步的稳健性研究。

(1) 双重差分检验

前文已指出,直接比较融资融券标的股票和非融资融券标的股票的定价效率可能存在内生性问题,即那些被选择加入融资融券标的的股票本身可能具有更高的定价效率。实际上,融资融券标的股票多为主要指数的成分股,在股票市值、流动性、账面市值比等指标上具有明显的优势。为解决可能的内生性问题,我们运用双重差分检验来比较融资融券标的股票与非融资融券标的股票在定价效率变化上的差异。以2010年3月31日、2011年12月5日、2013年1月31日、2013年9月16日和2014年9月22日作为分割时点,对五个时点前后一年融资融券标的股票(实验组)和非融资融券标的股票(对照组)的定价效率进行对比分析。我们考虑到绝大部分融资融券标的股票均为沪深300指数成分股,故只选取沪深300指数成分股中的融资融券标的股票和非融资融券标的股票进行分析,以控制股票特征对统计结果的干扰。

表4-4给出了双重差分检验结果。可以看出,融资融券标的股票的三个定价效率指标中,$D1$和$D2$均出现不同程度的下降。而非融资融券标的股票的三个定价效率指标在事件前后均没有显著下降,指标$D1$、$D2$甚至略有增加。从实验组和对照组定价效率变化的差异来看,$D1$和$D2$的结果均为负值,而且分别在5%和10%的水平下显著。以上结果表明,相对于非融资融券标的股票,融资融券标的股

票的定价效率有了显著提高。

表 4-4 双重差分检验结果

类型	事件前	事件后	Diff：事后—事前	P-value
Panel A：ρ^{Cross}				
融资融券标的股票	0.2065	0.2080	0.0015	0.7098
非融资融券标的股票	0.2167	0.2159	−0.0008	0.8449
Diff：标的—非标的			0.0023	0.6965
Panel B：$D1$				
融资融券标的股票	0.3383	0.3364	−0.0019	0.8847
非融资融券标的股票	0.3576	0.3946	0.0370	0.0005
Diff：标的—非标的			−0.0389	0.0198
Panel C：$D2$				
融资融券标的股票	0.5428	0.5385	−0.0043	0.6195
非融资融券标的股票	0.5527	0.5727	0.0152	0.0317
Diff：标的—非标的			−0.0195	0.0786

接下来，我们将双重差分检验样本中每只股票在事件前后一年定价效率的相对差值作为被解释变量进行回归分析，结果如表 4-5 所示。结果表明，虚拟变量 Short_List 对三个定价效率指标变化结果的回归系数分别为 −0.0021、−0.0427 和 −0.0172，并且后两个回归系数分别在 1%、10% 的水平下显著。上述结果进一步表明，融资融券标的股票定价效率的提高幅度要显著大于非融资融券标的股票。

表 4-5 差分回归结果

变量	$\Delta\rho^{Cross}$	$\Delta D1$	$\Delta D2$
Intercept	−0.0198	0.0572	0.2055
	0.8459	0.7736	0.1193
Short_List	−0.0021	−0.0427***	−0.0172*
	0.7533	0.0013	0.0544

(续表)

变量	$\Delta\rho^{Cross}$	$\Delta D1$	$\Delta D2$
Exchange	0.0044	0.0027	0.0034
	0.4825	0.8231	0.6848
ln(Cap)	0.0003	−0.0048	−0.0089
	0.9424	0.5531	0.1003
B/M	0.0046	0.0331	0.0322
	0.7672	0.2689	0.1079
Spread	1.7293*	2.6502	1.9710
	0.0875	0.1785	0.1524
Turnover	−0.0103	−0.0448**	−0.0449***
	0.2883	0.0187	0.0009
Yield	−0.0060	0.1380*	0.1284
	0.8874	0.0899	0.1175
Observations	588	588	588
R-Square	0.0070	0.0328	0.0412

注：*、**、*** 分别表示10%、5%和1%的置信水平下显著。

(2) 融券卖空量对定价效率的影响

本部分第2节使用了卖空约束的代理变量来研究卖空与定价效率的关系，并未从量的角度考察卖空交易本身对定价效率的影响。Boehmer和Wu(2013)认为，通过对卖空交易量的分析，可以更明确地识别卖空投资者的信息是否被反映到资产价格中，以及其反应速度，为此，本部分将回归模型中的虚拟变量替换为融券卖空量，通过模型(4-3)对前文的结论进行进一步的检验。我们选取融资融券标的股票自2010年3月31日后的数据，解释变量Short_Flow为月平均融券卖空量与月平均流通股数的比值。

表4-6的结果表明，融券卖空量对三个效率指标 ρ^{Cross}、$D1$ 和 $D2$ 的回归系数分别为 −0.0128，−0.0074 和 −0.0115，其中 ρ^{Cross} 和 $D2$ 的系数分别在5%和10%的置信水平下显著。也就是说，卖空行为

和卖空量与定价效率之间存在正相关关系,融券卖空量越大,股票吸收信息的速度越快,定价效率越高。

表 4-6 融券卖空量对定价效率的影响

变量	ρ^{Cross}	$D1$	$D2$
Intercept	0.1949***	−0.3370***	0.0797
	0.0007	0.0033	0.3444
Short_Flow	−0.0128**	−0.0074	−0.0115*
	0.0305	0.4359	0.0810
Exchange	−0.0024	0.0105	−0.0002
	0.6263	0.4115	0.9817
ln(Cap)	0.0014	0.0258***	0.0171***
	0.5705	<.0001	<.0001
B/M	−0.0372***	−0.0876***	−0.0659***
	<.0001	<.0001	<.0001
Spread	0.7870***	2.9469***	1.8703***
	0.0011	<.0001	<.0001
Turnover	0.0046	0.1762***	0.1056***
	0.4408	<.0001	<.0001
Yield	−0.0098***	0.0552***	0.0320***
	0.0006	<.0001	<.0001
Stock-Level Effect	Yes	Yes	Yes
Month-Level Effect	Yes	Yes	Yes
Observations	15378	15378	15378
R-Square	0.0045	0.0608	0.0478

注:*、**、***分别表示10%、5%和1%的置信水平下显著。

除了以上分析,本部分还试图控制股票是否是主要指数(如沪深300指数)的成分股对定价效率的影响。我们在面板数据分析中使用年度效应来替代月度效应,在事件分析中尝试运用不同的时间窗口(如 6 个月和 18 个月),并得到了一致的研究结果。此外,我们还对股票交易量(Frino et al.,2011)、Amihud 非流动性指标(Beber and Pagano,2013)加以分析,以进一步研究融资融券交易对流动性和市场质量的影响,这些稳健性研究都得到了和前文较为一致的结果,限于篇幅,笔者没有将上述结果一一列出。

4.3 转融通机制

2012 年 8 月 30 日,我国证券市场正式启动了转融通业务试点,允许证券金融公司将自有或者依法筹集的资金和股票借给证券公司,供其办理融资融券业务。转融通机制进一步健全了我国融资融券交易制度,试点推出后市场释放出较为旺盛的业务需求,沪深两市融资融券交易量大幅增加(见图 4-1)。为了分析转融通机制的市场效应,比较不同发展阶段融资融券交易对股票价格效率影响的差异,我们以 2012 年 8 月 30 日为分界点,分别对转融通试点启动前后融资融券标的股票加入事件和被剔除事件进行分析,结果如表 4-7 所示。

我们重点关注的是转融通试点推出前后加入和被剔除出融资融券标的事件对价格效率的影响程度。首先,我们发现:对于加入融资融券标的的股票,加入事件(Event_In)的回归系数绝大部分为负值;对于被剔除出融资融券标的的股票,被剔除事件(Event_Out)的回归系数绝大部分为正值。上述结果进一步支持了表 4-3 的结论,说明融资融券机制有利于提高股票价格效率这一结论在转融通机制推出

表 4-7 转融通业务前后加入和被剔除出标的股票对定价效率的影响

变量	Panel A: 加入标的 (Short Dummy: Event_In)						Panel B: 剔除出标的 (Short Dummy: Event_Out)					
	ρ^{Cross}		$D1$		$D2$		ρ^{Cross}		$D1$		$D2$	
	转融通前	转融通后	转融通前	转融通后	转融通前	转融通后	转融通前	转融通后	转融通前	转融通后	转融通前	转融通后
Intercept	0.2133***	0.1950***	−0.6220***	−0.7514***	−0.3064*	−0.0586	0.5516***	−0.0141	0.5467	−0.1388	0.4440	0.4808
	0.0010	0.0012	0.0055	<.0001	0.0684	0.5226	0.0022	0.9339	0.3508	0.7711	0.3993	0.1084
Short Dummy	−0.0089*	0.0038	−0.0731***	−0.0752***	−0.0571***	−0.0472***	−0.0280	0.0118	0.0832*	0.0764***	0.0274	0.0590***
	0.0971	0.2823	<.0001	<.0001	<.0001	<.0001	0.1356	0.4150	0.0551	0.0088	0.4667	0.0027
Exchange	−0.0073	−0.0052	−0.0010	0.0279**	−0.0095	0.0163**	−0.0090	−0.0232**	−0.0112	−0.0342	−0.0142	−0.0068
	0.1223	0.1738	0.9589	0.0095	0.5082	0.0133	0.5936	0.0458	0.8338	0.3503	0.7718	0.7586
ln(Cap)	0.0004	0.0009	0.0366***	0.0474***	0.0330***	0.0269***	−0.0146*	0.0105	−0.0167	0.0184	−0.0027	0.0006
	0.8897	0.7332	<.0001	<.0001	<.0001	<.0001	0.0555	0.1624	0.4999	0.3845	0.9017	0.9638
B/M	−0.0136	−0.0164**	−0.1173***	−0.1066***	−0.0594***	−0.0846***	0.0001	−0.0438***	−0.0338	−0.1400***	0.0039	−0.0986***
	0.1907	0.0158	<.0001	<.0001	0.0074	<.0001	0.9966	0.0033	0.6187	0.0010	0.9479	0.0002
Spread	−0.3570	1.1593***	2.8072***	3.2650***	2.4043***	1.7728***	−0.9890	0.4078	1.2145	0.8447	1.7467	0.7698
	0.3442	<.0001	<.0001	<.0001	<.0001	<.0001	0.5297	0.5348	0.6099	0.4630	0.3597	0.4304
Turnover	0.0030	−0.0004	0.1165***	0.1219***	0.0724***	0.0684***	−0.0154	0.0215	0.2465***	0.2625***	0.1683***	0.3349***
	0.5777	0.9131	<.0001	<.0001	<.0001	<.0001	0.5944	0.2991	<.0001	<.0001	0.0001	<.0001
Yield	−0.0031	−0.0074**	0.0264***	0.0742***	0.0199***	0.0372***	0.0051	0.0041	0.0505**	0.0799***	0.0363**	0.0387***
	0.4206	0.0349	<.0001	<.0001	<.0001	<.0001	0.6482	0.6963	0.0201	<.0001	0.0377	0.0016
Stock-Level Effect	Yes	Yes	Yes	Yes	Yes	Yes	Yes	Yes	Yes	Yes	Yes	Yes
Month-Level Effect	Yes	Yes	Yes	Yes	Yes	Yes	Yes	Yes	Yes	Yes	Yes	Yes
Observations	7922	10148	7922	10148	7922	10148	580	1045	580	1045	580	1045
R Square	0.0014	0.0045	0.0403	0.0953	0.0350	0.0766	0.0172	0.0190	0.0540	0.1030	0.0388	0.0888

注:*、**、*** 分别表示 10%、5%、1% 的置信水平下显著。

前后是一致和稳健的。更为重要的是,不管是加入标的的股票样本("Panel A")还是被剔除出标的的股票样本("Panel B"),转融通试点启动后,虚拟变量 Event_In 和 Event_Out 的回归系数的显著性均普遍提高,且回归系数的绝对值也大多显著大于转融通试点启动前。比较回归方程的解释系数(R-Square),也得到相似的结果,转融通试点后启动,加入和被剔除出融资融券标的的事件对股票定价效率的影响更大。

以上结果说明,我国融资融券交易制度对股票定价效率的影响是一个由弱到强的发展过程。融资融券试点推出初期,市场参与者和可供融资融券的股票数量较为有限,交易规模较小,融资融券交易对股票定价效率的提高起了一定的积极作用,但整体效果相对有限。转融通试点启动后,融资融券交易量和余量都有了显著提升,做空与做多双向交易更为便捷,这有利于进一步发挥卖空和杠杆交易的市场功能,融资融券对股票定价效率的促进作用得到更明显的体现。

4.4 影响机制

本部分通过比较分析融资融券交易前后股票的流动性、信息不对称程度和持股宽度,试图探讨卖空交易影响股票定价效率的内在机制和传导过程。

4.4.1 流动性

Chordia 等(2008)以及 Chung 和 Hrazdil(2010)的研究发现,当市

场流动性增强时,股票短期收益的可预测性会降低,因此相比于流动性弱的市场,流动性强的市场中的资产价格更趋近于随机游走。借鉴 Chordia 等(2008)以及 Chung 和 Hrazdil(2010)的方法,我们用买卖价差(bid-ask spread)来衡量市场的流动性,进而分析股票加入和被剔除出融资融券标的前后流动性的变化。

如表 4-8 中的"Panel A"所示,虚拟变量 Event_In 对买卖价差 Spread 的回归系数为 -0.0011,并在 1% 的水平下显著。可见,股票加入融资融券标的后,买卖价差明显下降,说明其流动性显著提高。与上述结果不同,虚拟变量 Event_Out 对买卖价差 Spread 的回归系数则为 0.0002,说明其流动性一定程度上降低。[①] 一般认为,流动性能够直接反映套利交易者的交易成本。根据 Kyle(1985)的模型,市场流动性越强,投资者的交易行为对资产价格的影响越小,套利交易者基于价值信息的套利行为会越频繁。同时,在流动性较强的市场中,套利交易者也更有动力去获取更为准确的市场信息。因此,当市场流动性增强时,交易成本的降低会提高投资者参与套利交易的热情,使得股票价格更为迅速和充分地吸收市场信息,进而提高价格的有效性。

4.4.2 信息不对称

一般来说,公司基本面的不确定性和准确信息反馈的缺乏会带来更大的投资者心理偏差和信念分歧,从而加剧价格波动。因此,信息不对称程度的下降对提高股票定价效率具有积极作用(Hirshleif-

---

① 由于回归分析中被剔除出融资融券标的的股票只有 82 只,异质性截面样本较少,导致回归系数不显著。

表 4-8 融资融券交易提高股票定价效率的机制分析

变量	Panel A: Spread		Panel B: PIN		Panel C: Ownership Breadth	
	加入标的	剔除出标的	加入标的	剔除出标的	加入标的	剔除出标的
Intercept	-0.0471***	-0.0755***	0.1813***	0.2632***	-0.0531	0.5245***
	<.0001	<.0001	<.0001	0.0003	0.2381	<.0001
Event_In	-0.0011***		-0.0055***		0.0060***	
	<.0001		<.0001		0.0010	
Event_Out		0.0002		0.0028		-0.0182***
		0.8199		0.5038		<.0001
Exchange	-0.0004	-0.0001	-0.0054**	0.0024	0.0744***	0.0373
	0.4315	0.9421	0.0134	0.7037	<.0001	0.1689
ln(Cap)	0.0025***	0.0037***	-0.0034***	-0.0073***	0.0068***	-0.0165***
	<.0001	<.0001	0.0018	0.0226	<.0001	<.0001
B/M	-0.0034***	-0.0051***	0.0208***	0.0410***	0.0176***	0.0244***
	<.0001	<.0001	<.0001	<.0001	<.0001	<.0001
Turnover	0.0063***	0.0141***	0.0007	-0.0062	0.0071***	0.0179***
	<.0001	<.0001	0.6172	0.3973	<.0001	<.0001
Yield	0.0002*	0.0003	0.0103***	0.0077**	-0.0023***	-0.0009
	0.0971	0.2788	<.0001	0.0266	0.0019	0.3019
Stock-Level Effect	Yes	Yes	Yes	Yes	Yes	Yes
Month-Level Effect	Yes	Yes	Yes	Yes	Yes	Yes
Observations	18112	1636	18109	1635	16980	1520
R-Square	0.1546	0.3206	0.0092	0.0268	0.0074	0.1399

注:*、**、***分别表示10%、5%、1%的置信水平下显著。

er,2001)。Leland(1992)等还发现,内幕交易作为信息不对称的典型表现形式,会降低定价效率。陈国进和张贻军(2009)检验了异质信念与我国股市暴跌之间的关系,发现我国投资者的异质信念程度越高,市场(个股)发生暴跌的可能性越大。基于已有的研究,我们用知情交易概率(probability of informed trading)①作为衡量信息不对称的指标,研究融资融券交易对个股信息不对称的影响。

如表4-8中的"Panel B"所示,虚拟变量Event_In对知情交易概率PIN的回归系数为-0.0055,并且在1%的水平下显著。可见,股票在加入融资融券标的后,由知情交易概率所反映的信息不对称程度显著下降。融资融券一方面为市场提供了做空与做多的双向交易机制,另一方面也为投资者进行杠杆交易创造了条件。不管是双向交易还是杠杆交易,都有利于降低市场异质信念和信息不对称程度,进而提高股票价格的有效性。

4.4.3 持股宽度

持股宽度(ownership breadth)指的是市场上持有特定股票多方头寸的人数。Miller(1977)认为,当市场存在卖空约束时,对未来持悲观态度的投资者只能选择离开市场,导致资产价格不能有效地吸收市场的负面信息。Chen等(2002)进一步研究发现,持股宽度和卖空约束之间存在显著的正相关关系,卖空约束的直接后果是导致持股宽度降低,持股宽度越低表明有越多的负面信息没有反映在价格中,因而定价效率越低。借鉴Chen等(2002)的方法,我们首先计算

---

① 知情交易概率可以反映各类利用私有信息进行的交易,取值越低,表明信息对称程度越高。我们借鉴Easley等(1996)的模型计算知情交易概率。

每只股票每个月的持股宽度,然后分析融资融券对股票持股宽度的影响,结果如表 4-8 中的"Panel C"所示。

我们发现,融资融券交易试点的推出显著提高了标的股票的持股宽度。具体来说:虚拟变量 Event_In 和 Event_Out 的回归系数分别为 0.0060 和 -0.0182,且均在 1% 的水平下显著。可见,股票在加入融资融券标的后,持股宽度显著上升;股票被剔除出融资融券标的后,持股宽度则显著下降。因此,我们认为对持股宽度产生影响也是融资融券交易机制影响股票定价效率的重要途径。

4.5 小　　结

卖空交易机制作为市场交易制度的重要组成部分,被普遍认为有利于改善证券市场质量,尤其是提高信息传递效率和增强价格发现功能。本章以我国 A 股市场 2010 年 3 月 31 日推出的融资融券交易为研究对象,结合面板数据分析和事件分析方法,研究卖空机制对定价效率的影响。我们发现:首先,融资融券交易试点的推出显著改善了标的股票和整个市场的定价效率;其次,融券卖空量与定价效率之间存在正相关关系,融券卖空量越大,股票的定价效率越高;最后,卖空交易机制对市场流动性、信息不对称和持股宽度的影响为融资融券有利于提高股票定价效率提供了合理解释。

5. 市场稳定性

20世纪90年代以来,全方位、多层次的金融创新为市场提供了极大的便捷和充足的流动性,也使得金融系统更加开放和复杂。其直接表现为全球金融资产价格波动显著加剧,导致金融不稳定,进而导致经济不稳定。以我国香港地区和美国市场为例:1995年以来,恒生指数平均年化波动率为24.79%,1997—1998年亚洲金融危机期间则上升至42.46%;2007—2008年全球金融危机期间标准普尔500指数平均年化波动率为34.12%,近几年则降至20%以内。

我国股票市场自20世纪90年代建立以来,信用交易和卖空机制长期不被允许,投资者过度投机,羊群效应严重,导致股票价格经常暴涨暴跌和异常波动。1991—2013年,我国上证指数平均年化波动率为34.09%,而同期美国标准普尔500指数、英国金融时报100指数和我国香港恒生指数的年化波动率分别只有16.80%、16.89%、24.52%。

证券市场创新对资产价格的形成和波动有着重要的影响。创新型金融产品、资产选择与风险管理工具以及交易与结算方式的出现,都有利于改善市场的价格发现机制,促进市场稳定。大量研究表明,卖空交易机制对证券价格的稳定性有重要影响。(Scheinkman and Xiong,2003;Chang et al.,2007;Diether et al.,2009;Boulton and Braga-Alves,2010;廖士光和杨朝军,2005;陈淼鑫和郑振龙,2008,2008;陈国进和张贻军,2009;胡华锋,2012)

本章利用我国股票市场融资融券的数据,研究卖空交易机制对股票价格稳定性的影响。通过比较融资融券标的股票和非融资融券标的股票以及股票加入和被剔除出融资融券标的前后的价格波动性,我们发现融资融券交易机制的推出有效降低了标的股票的价格波动性。进一步研究表明,融资融券交易机制对股票价格稳定性的影响主要体现在对异质性波动和异常跳跃风险的抑制上。

5.1 研 究 设 计

笔者采用三类指标来衡量股票市场价格的稳定性:一是股票价格的波动性,二是股票价格出现异常极端跳跃的概率,三是股票价格的异质性波动。

5.1.1 价格稳定性的度量

(1)波动性

波动性是用来衡量资产价格风险和稳定性的最常用指标。Markowitz(1952)最早提出用资产收益率的标准差来衡量价格风险,此后,大量学者运用这种方法来衡量金融资产的风险,如 Hung 和 Fung(2001)、Bris 等(2007)、廖士光(2011)等。我们利用股票的日收益率数据,计算不同月份股票日收益率的标准差,以衡量股票价格的总体波动性(volatility)。作为补充,我们还利用股票价格的振幅(swing)来衡量股票价格的波动性。具体计算方法如下:

$$\text{Swing}_{i,t} = (\text{high}_{i,t} - \text{low}_{i,t})/\text{close}_{i,t-1} \quad (5\text{-}1)$$

其中,$\text{high}_{i,t}$和$\text{low}_{i,t}$分别表示股票i在第t日的最高成交价和最低成交价,$\text{close}_{i,t-1}$表示股票i在第$t-1$日的收盘价。

最后,我们还计算了每个月份股票日收益率绝对值大于$N\%$的比例(PctN)、日收益率大于$N\%$的比例(PctN_up),以及日收益率小于$-N\%$的比例(PctN_down),用来刻画股票价格出现大幅波动的频率。

(2)跳跃风险

Kim(1996)从公司特质性(firm-specific)收益率层面对股票收益率出现异常极端跳跃的概率进行了衡量。参考他的方法,我们首先对每只股票样本期内的日收益率进行回归:

$$R_{i,t} = \alpha_i + \beta_1 R_{m,t-2} + \beta_2 R_{m,t-1} + \beta_3 R_{m,t} + \beta_4 R_{m,t+1} + \beta_5 R_{m,t+2} + \varepsilon_{i,t}$$
$$(5\text{-}2)$$

其中,$R_{i,t}$表示股票i在第t日的收益率,$R_{m,t}$为第t日的市场平均收益率,$\varepsilon_{i,t}$为残差项。

我们在回归方程(5-2)的解释变量中加入市场收益率的滞后项和超前项,用以调整股票非同步性交易的影响。(Dimson,1979)对上述回归方程进行估计后,可得到回归方程的残差序列,并计算股票i在第t日的公司特质性收益率,即:$W_{i,t} = \ln(1+\varepsilon_{i,t})$[①]。

---

① 这里对$\varepsilon_{i,t}$进行对数处理的目的是使得$W_{i,t}$近似服从正态分布。

标准正态分布 0.5% 分位数和 99.5% 分位数分别为 -2.58 和 2.58。当股票 i 在第 t 日的特质性收益率超过该股票在样本期内平均特质性收益 2.58 倍标准差,即 $W_{i,t} > \overline{W}_{i,t} + 2.58\sigma(W_{i,t})$ 时,我们将其定义为跳跃事件(jump event);当股票 i 在第 t 日的特质性收益率低于该股票在样本期内平均特质性收益 2.58 倍标准差,即 $W_{i,t} < \overline{W}_{i,t} - 2.58\sigma(W_{i,t})$ 时,我们将其定义为崩盘事件(crash event)。在上述计算的基础上,我们定义两个跳跃风险指标变量,即 Jump_05 和 Crash_05。对于不同月份,如果股票 i 发生一次或多次跳跃事件,则定义 Jump_05 为 1,否则为 0;同样,如果股票 i 发生一次或多次崩盘事件,则定义 Crash_05 为 1,否则为 0。出于稳健性的考虑,我们还利用 1% 分位数和 99% 分位数[①]计算跳跃风险指标 Crash_1 和 Jump_1。

(3)异质性波动(idiosyncratic volatility)

异质性波动表示不能用市场收益率所解释的个股波动,它在一定程度上反映了公司信息透明度和市场信息效率。根据 Liu 和 Lu(2007)的研究,异质性波动和股票价格中的信息含量呈"U"形关系。当信息含量较低(干扰较多)时,异质性波动与信息效率负相关;当信息含量较高时(干扰较少)时,异质性波动与信息效率正相关。王亚平等(2009)的研究表明,中国上市公司股价同步性与公司信息透明度正相关,也就是说异质性波动与公司信息透明度负相关。

Gaspar 和 Massa(2006)、Brown 和 Kapadia(2007)在 Sharp(1963)单因子模型以及 Fama 和 French(1993)三因子模型的基础上对资产收益的总风险进行了分解,从中提取出异质性波动和系统性波动。

---

① 对应的分位数分别为 -2.33 和 2.33。

借鉴上述方法,我们分别用单因子模型和三因子模型回归的残差序列来衡量股票的异质性波动。

首先,基于 Sharp(1963)的模型,对以下回归方程进行估计:

$$R_{i,t} = \alpha_i + \beta_i(R_{m,t} - R_{f,t}) + \varepsilon_{i,t} \qquad (5-3)$$

其中,$R_{i,t}$ 表示股票 i 在第 t 日的收益率,$R_{m,t}$ 为第 t 日的市场平均收益率,$R_{f,t}$ 表示第 t 日的无风险收益率,$\varepsilon_{i,t}$ 表示回归的残差。残差项表示股票个体收益率中不能用市场收益率所解释的部分,因此可用每只股票每个月份的回归残差的标准差来衡量该股票的月度异质性波动(IR1)。

其次,利用 Fama 和 French(1993)三因子模型来解释股票的收益率,估计以下回归方程:

$$R_{i,t} = \alpha_i + \beta_{1i}(R_{m,t} - R_{f,t}) + \beta_{2i}\text{SMB}_t + \beta_{3i}\text{HML}_t + \varepsilon_{i,t} \quad (5-4)$$

其中,SMB_t 表示第 t 日影响个股收益率的市场公司规模因素,HML_t 表示第 t 日影响个股收益率的市场公司价值因素,其他变量定义同式(5-3)。计算每只股票每个月份的回归残差的标准差,得到第二个异质性波动指标 IR2。

5.1.2 研究模型

为检验融资融券交易是否对资产价格的稳定性产生影响,我们使用非平衡面板回归模型,分三个层次进行研究。

首先,对融资融券交易试点推出后融资融券标的股票与非融资融券标的股票价格的稳定性进行比较,具体模型如下:

$$\text{Stability}_{i,t} = \alpha_0 + \beta \times \text{Short\_List}_{i,t} + \gamma \times \text{Controls}_{i,t} + v_i + e_t + \varepsilon_{i,t}$$

$$(5-5)$$

其中,被解释变量 $Stability_{i,t}$ 表示时间 t 时股票 i 的稳定性,包括前文所描述的波动性指标、跳跃风险和异质性波动;解释变量 $Short\_List_{i,t}$ 为虚拟变量,当时间 t 时股票 i 为融资融券标的时取值为 1,否则取值为 0;$Controls_{i,t}$ 表示时间 t 时股票 i 对应的控制变量;v_i 和 e_t 分别表示个体效应和时间效应;$\varepsilon_{i,t}$ 为随机误差项。

其次,对特定股票加入融资融券标的前后的价格稳定性进行分析,设定以下模型:

$$Stability_{i,t} = \alpha_0 + \beta \times Event\_In_{i,t} + \gamma \times Controls_{i,t} + v_i + e_t + \varepsilon_{i,t}$$

(5-6)

其中,解释变量 $Event\_In_{i,t}$ 为虚拟变量,对于特定股票 i,事件(加入融资融券标的)发生前取值为 0,事件发生后取值为 1;其他变量的定义与式(5-5)相同。

最后,对特定股票被剔除出融资融券标的前后的价格稳定性进行分析,设定以下模型:

$$Stability_{i,t} = \alpha_0 + \beta \times Event\_Out_{i,t} + \gamma \times Controls_{i,t} + v_i + e_t + \varepsilon_{i,t}$$

(5-7)

其中,解释变量 $Event\_Out_{i,t}$ 为虚拟变量,对于特定股票 i,事件(被剔除出融资融券标的)发生前取值为 0,事件发生后取值为 1;其他变量的定义与式(5-5)相同。

参考相关文献,控制变量主要有六大类:(1)股票市值(Size)和账面市值比(B/M);(2)换手率(Turnover)和买卖价差(Spread);(3)当期收益率与滞后收益率(Yield、Yield_lag);(4)权益收益率(ROE)和财务杠杆(Lev);(5)机构持股比例(Institution);(6)股票价格的偏度和峰度(Skew、Kurt)。

5.2 融资融券对价格稳定性的影响

我们在本章所用的数据与第 4 章相同。基于 2010 年 4 月到 2014 年 12 月沪深股市主板所有 A 股股票的收益率数据,表 5-1 分别从所有 A 股股票和融资融券标的股票两个样本层面计算了各主要变量的描述性统计指标。我们在实证研究中将大幅度波动的门槛值 N 设定为 5%,将崩盘和跳跃事件的门槛概率设定为 0.5% 和 1%。通过观察发现:融资融券标的股票各项波动性指标均低于市场平均水平,具有较高的稳定性。

表 5-1 描述性统计

变量	所有股票				融资融券标的股票			
	均值	标准差	最大值	最小值	均值	标准差	最大值	最小值
Volatility	0.0251	0.0268	5.6023	0.0000	0.0248	0.0283	5.6023	0.0036
Swing	0.0371	0.0117	0.2792	0.0000	0.0370	0.0123	0.1911	0.0000
Pct5	0.0597	0.0873	1	0	0.0592	0.0863	1	0
Crash_05	0.0084	0.0387	1	0	0.0081	0.0342	1	0
Jump_05	0.0146	0.0432	1	0	0.0152	0.0420	1	0
Crash_1	0.0161	0.0491	1	0	0.0146	0.0437	1	0
Jump_1	0.0229	0.0514	1	0	0.0232	0.0508	1	0
IR1	0.0212	0.0309	5.6021	0.0000	0.0206	0.0381	5.6021	0.0002
IR2	0.0197	0.0307	5.6009	0.0001	0.0194	0.0379	5.6009	0.0006

图 5-1 显示了 2009 年 4 月到 2014 年 12 月 A 股市场融资融券标的股票和非标的股票的波动率。可以看出,不管是融资融券标的股票还是非融资融券标的股票,收益率的总体波动性均呈现明显下降的趋势。更为重要的是,融资融券标的股票的平均波动率比非标的股票的平均波动率下降的幅度更大。这从一定程度上反映了融资融券交易有利于抑制股票价格的波动。

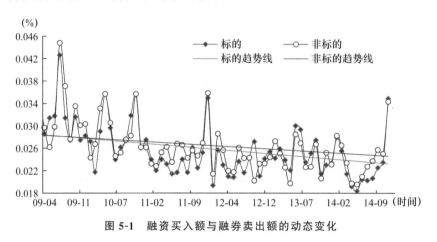

图 5-1 融资买入额与融券卖出额的动态变化

5.2.1 波动率与振幅

首先,从波动性的角度来分析股票价格的稳定性,对融资融券标的股票和非标的股票以及股票加入和被剔除出融资融券标的前后波动性指标的差异进行比较。

回归方程(5-5)的估计结果如表 5-2 中的"Panel A"所示。可以发现,卖空代理变量 Short_List 对总体波动率(Volatility)、振幅(Swing)、大幅波动频率(Pct5)的回归系数均为负,且均在 1% 的水平下显著。可见,融资融券标的股票的波动性显著低于非标的股票,表现出更高的价格稳定性。

上述结果虽然能够说明标的股票价格的总体波动性要低于非标的股票,但是不能排除的一个可能是,那些融资融券标的股票在融资融券试点推出之前就已经表现出较低的波动性。为控制潜在的内生性,我们把研究样本缩小到融资融券标的股票,对这些股票加入标的前后的波动性加以比较。为此,我们以 2010 年 3 月 31 日首次作为融资融券标的的 90 只股票、2011 年 12 月 5 日新加入的 189 只股票、2013 年 1 月 31 日新加入的 276 只股票、2013 年 9 月 16 日新加入的 206 只股票以及 2014 年 9 月 22 日新加入的 218 只股票为样本,截取每只股票加入融资融券标的前后 12 个月的数据,对回归方程(5-6)进行估计,结果如表 5-2 中的"Panel B"所示。表 5-2 中的"Panel B"的结果与"Panel A"的结果基本一致,控制其他变量的影响后,虚拟变量 Event_In 对所有波动性指标的回归系数都在 1% 的水平下显著为负。可见,股票成为融资融券标的后波动性显著降低。

作为对上述分析的补充,我们进一步对融资融券试点推出后被剔除出标的的股票进行事件分析。剔除一些数据不全的股票后,得到 88 只被剔除出标的的样本。对方程(5-7)进行估计,表 5-2 中的"Panel C"列出了回归分析结果,与"Panel A"和"Panel B"的结果不同,变量 Event_Out 对所有波动性指标的回归系数大多为正值,说明股票被剔除出融资融券标的后,波动性有所提高。①

在相关稳健性分析中,我们对大幅波动率进行了分方向研究。结果表明:不管是大幅上涨的频率还是大幅下跌的频率,融资融券标

---

① 由于回归分析中被剔除出融资融券标的的股票只有 82 只,异质性截面样本较少,导致部分系数并不显著。

表 5-2 融资融券交易对波动性指标的影响

变量	Panel A: 标的股票 vs. 非标的股票 Short Dummy: Short_List			Panel B: 加入标的前 vs. 加入标的后 Short Dummy: Event_In			Panel C: 被剔除出标的前 vs. 被剔除出标的后 Short Dummy: Event_Out		
	Volatility	Swing	Pct5	Volatility	Swing	Pct5	Volatility	Swing	Pct5
Intercept	−0.0125***	−0.0304***	−0.2078***	−0.0086**	−0.0376***	−0.1584***	0.0193**	0.0079**	−0.0629
	−9.15	−17.47	−18.72	−2.37	−8.43	−5.34	2.21	0.62	−1.25
Short Dummy	−0.0013***	−0.0022***	−0.0107***	−0.0013***	−0.0026***	−0.0070***	−0.0001	0.0009	0.0021
	−16.86	−26.80	−14.42	−7.78	−12.92	−4.79	−0.10	1.31	0.45
BM	−0.0051***	−0.0072***	−0.0253***	−0.0054***	−0.0092***	−0.0296***	−0.0025***	−0.0049***	−0.0076
	−32.97	−40.74	−18.31	−12.63	−18.75	−7.97	−2.99	−4.64	−1.60
Size	0.0014***	0.0026***	0.0091***	0.0012***	0.0029***	0.0069***	−0.0002	0.0007	0.0017
	24.84	38.24	20.27	7.94	15.56	5.53	−0.55	1.39	0.79
Turnover	0.0085***	0.0100***	0.0732***	0.0088***	0.0104***	0.0853***	0.0122***	0.0167***	0.1027***
	148.75	160.84	129.97	59.26	66.19	56.67	16.09	20.73	16.28
Spread	0.3361***	0.5702***	2.6448***	0.3571***	0.6151***	2.9887***	0.3494***	0.5542***	3.0399***
	94.81	150.19	74.14	43.66	71.47	34.94	13.01	19.68	12.53
Yield	0.0112***	0.0188***	0.1256***	0.0125***	0.0174***	0.1277***	0.0173***	0.0227***	0.1525***
	49.56	77.74	55.22	27.21	36.04	26.59	9.42	12.02	8.90
Yield_lag	0.0026***	0.0094***	0.0246***	0.0018***	0.0060***	0.0095***	0.0042**	0.0110***	0.0602***
	13.97	47.38	13.21	5.71	18.16	2.94	2.44	6.13	3.71

(续表)

变量	Panel A: 标的股票 vs. 非标的股票 Short Dummy: Short_List			Panel B: 加入标的前 vs. 加入标的后 Short Dummy: Event_In			Panel C: 被剔除出标的前 vs. 被剔除出标的后 Short Dummy: Event_Out		
	Volatility	Swing	Pct5	Volatility	Swing	Pct5	Volatility	Swing	Pct5
ROE	−0.0000***	−0.0000*	−0.0003**	0.0004	0.0006	0.00101*	−0.0027***	−0.0001	−0.0407***
	−2.61	−1.93	−2.19	0.71	0.99	1.72	−3.23	−0.15	−5.37
Lev	0.0022***	0.0038***	0.0194***	0.0006	0.0019**	0.0070	0.0033**	0.0022	0.0170**
	10.82	15.81	10.95	0.97	2.42	1.40	2.25	1.09	2.11
Institution	0.0013***	0.0026***	0.0103***	0.0010**	0.0025***	0.0078*	0.0001	−0.0001	−0.0003
	9.34	17.64	7.78	2.15	5.07	1.82	0.12	−0.22	−0.09
Stock-Level Effect	Yes	Yes	Yes	Yes	Yes	Yes	Yes	Yes	Yes
Month-Level Effect	Yes	Yes	Yes	Yes	Yes	Yes	Yes	Yes	Yes
Observation	106412	106412	106412	19018	19018	19018	1699	1699	1699
R-Square	0.3760	0.5218	0.3060	0.4113	0.5727	0.3523	0.4597	0.6329	0.4540

注:*、**、*** 分别表示 10%、5%、1% 置信水平下显著。

的股票的结果均显著低于非标的股票,说明融资融券交易从上涨和下跌两个方向上都对价格波动形成了抑制作用。此外,我们还对上方差、下方差、上振幅、下振幅等指标进行了计算和分析,并得到了一致的结论,限于篇幅,没有将这些结果一一列出。

对表 5-2 中控制变量的回归系数进行分析可以发现,股票市值、换手率、买卖价差、历史收益率等均与股价波动性之间存在不同程度的正相关关系,上述指标越大,股价波动越剧烈;账面市值比和资本收益率与股价波动率则存在负相关关系。这些结果与 Bagehot(1971)、Hirshleifer(2001)、史永东和蒋贤锋(2003)、Scheinkman 和 Xiong(2003)、陈国进和张贻军(2009)等学者的研究结果基本一致。此外,机构持股比例和公司财务杠杆也对股票价格波动性有一定的影响。

5.2.2 跳跃风险

跳跃风险是衡量股票价格稳定性的一种指标,主要捕捉的是股票价格极端波动的可能性。根据前面的计算方法,我们首先判断每只股票在每个月份是否发生极端跳跃事件,然后比较标的股票和非标的股票以及股票加入和被剔除出融资融券标的前后跳跃风险的大小。

表 5-3 中的"Panel A"的回归分析结果显示,虚拟变量 Short_List 对所有跳跃风险指标的回归系数均为负数,并且在 1% 的水平下显著。因此,不管是向上还是向下,融资融券标的股票价格出现异常跳跃的风险都显著小于非标的股票。这与波动性指标的分析结论一致。

表 5-3 融资融券交易对跳跃风险的影响

变量	Panel A: 标的股票 vs. 非标的股票 Short Dummy: Short_List			Panel B: 加入标的前 vs. 加入标的后 Short Dummy: Event_In			Panel C: 被剔除出标的前 vs. 被剔除出标的后 Short Dummy: Event_Out		
	Crash_1	Jump_1	Crash_05	Jump_05	Crash_1	Jump_1	Crash_05	Jump_05	Crash_1	Jump_1	Crash_05	Jump_05
Intercept	−0.1000***	−0.1104***	−0.0754***	−0.0695***	−0.1389***	−0.0641***	−0.0996***	−0.0333***	−0.0956***	−0.1441***	−0.0742***	−0.0913*
	−23.13	−18.17	−27.61	−14.41	−12.88	−4.09	−13.67	−2.62	−3.36	−2.76	−2.93	−1.77
Short Dummy	−0.0043***	−0.0065***	−0.0026***	−0.0042***	−0.0028***	−0.0048***	−0.0013***	−0.0024***	0.0093***	−0.0024	0.0047***	−0.0003
	−13.24	−13.55	−10.36	−10.18	−4.95	−5.61	−3.06	−3.41	4.39	−0.84	2.96	−0.10
BM	−0.0050***	−0.0116***	−0.0016***	−0.0060***	−0.0014	−0.0055***	−0.0002	−0.0008	0.0018	0.0133***	0.0031	0.0108***
	−9.44	−14.36	−4.17	−8.86	−0.96	−2.64	−0.15	0.47	0.72	3.05	1.35	2.55
Size	0.0037***	0.0052***	0.0027***	0.0032***	0.0051***	0.0032***	0.0036***	0.0016***	0.0027***	0.0030	0.0021*	0.0011
	22.29	20.53	23.38	15.81	11.17	4.84	11.69	3.00	2.24	1.37	1.96	0.49
Turnover	0.0144***	0.0331***	0.0091	0.0238***	0.0156***	0.0448***	0.0100***	0.0342***	0.0008	0.0091**	−0.0019	0.0062
	62.94	98.09	51.98	82.61	25.67	48.13	20.87	43.32	0.27	2.09	−0.73	1.57
Spread	0.6716***	1.1940***	0.3832***	0.8115***	0.8305***	1.5786***	0.5028***	1.1056***	0.1963*	−0.1205	0.1793**	−0.1792
	44.05	53.34	32.42	42.46	23.51	28.98	17.67	23.81	1.77	−0.84	2.15	−1.40
Yield	−1.7369***	2.9655***	−1.1471***	2.3458***	−2.1082***	2.8607***	−1.4285***	2.2274***	−0.7884***	3.4955***	−0.5698***	2.6160***
	−108.62	126.35	−91.19	115.65	−56.64	49.68	−46.84	45.07	−5.90	20.56	−5.47	17.22
Yield_lag	0.0262***	−0.0604***	0.0069***	−0.0401***	−0.0059	−0.0390***	−0.0132***	−0.0307***	0.5987***	0.1369	0.3275***	−0.0295**
	7.05	−11.06	2.40	−8.63	−1.05	−4.49	−2.88	−4.13	5.39	0.97	3.73	−0.23
ROE	−0.0001*	−1.65E-6	−0.0001*	3.14E-7	0.0043*	0.0063*	0.0026	0.0055**	−0.0040	0.0001	0.0054	0.0015
	−1.91	−0.02	−1.90	−0.00	1.81	1.76	1.41	1.82	−1.22	0.02	2.04	0.38
Lev	0.0030***	0.0104***	0.0022***	0.0090***	−0.0008	0.0054**	−0.0003	0.0052**	0.0031	0.0169**	0.0018	0.0151
	1.91	10.40	4.83	11.25	−0.47	2.09	−0.21	2.48	0.69	2.06	0.42	1.87
Institution	0.0053***	0.0057***	0.0041***	0.0035	0.0037***	0.0046	0.0023**	0.0030	0.0017	0.0037*	0.0014**	0.0060***
	9.60	6.90	8.01	4.11	2.19	1.83	1.85	1.46	1.10	1.82	1.06	3.24
Skew	−0.0065***	0.0112***	−0.0048***	0.0081***	−0.0067***	0.0107***	−0.0053***	0.0084***	−0.0077***	0.0037***	−0.0061***	0.0032***
	−56.84	66.79	−53.04	56.08	−24.24	25.02	−23.14	22.98	−10.00	3.85	−9.81	3.71
Kurt	0.0016***	0.0022***	0.0015***	0.0025***	0.0018***	0.0026***	0.0017***	0.0027***	0.0002	−0.0005	0.0007***	0.0001
	34.17	31.24	28.33	39.94	15.45	14.46	17.51	17.09	0.71	−1.31	2.79	0.16
Volatility	0.7518***	−0.6122***	0.4863***	−0.5006***	0.8056***	−0.8663***	0.5333***	−0.6783***	1.5613***	3.3496***	1.0986***	2.8001***
	121.25	−67.25	100.25	−63.98	61.80	−42.95	49.91	−39.20	15.16	25.32	13.50	23.62
Stock Level Effect	Yes	Yes	Yes	Yes	Yes	Yes	Yes	Yes	Yes	Yes	Yes	Yes
Month Level Effect	Yes	Yes	Yes	Yes	Yes	Yes	Yes	Yes	Yes	Yes	Yes	Yes
Observation	104086	104086	104086	104086	18080	18080	18080	18080	1618	1618	1618	1618
R Square	0.2536	0.3630	0.1907	0.3072	0.3057	0.9976	0.2338	0.3234	0.2942	0.6755	0.2422	0.6236

注：*、** 和 *** 分别表示 10%、5%、1% 置信水平下显著。

为控制内生性问题,我们进一步比较股票加入和被剔除出融资融券标的前后的跳跃风险。表 5-3 中的"Panel B"和"Panel C"的回归结果显示:虚拟变量 Event_In 对所有跳跃风险指标的回归系数全部为负,并都在 1% 的水平下显著;虚拟变量 Event_Out 对大部分跳跃风险指标的回归系数全部为正,其中 Crash_05 和 Crash_1 的系数在 1% 的水平下显著。上述结果进一步证明,融资融券交易机制有利于降低股票价格发生跳跃风险的可能性,从而提高股票价格的稳定性。

需要进一步指出的是,解释变量 Short_List 和 Event_In 对向上跳跃风险指标(Jump_05 和 Jump_1)回归系数的绝对值均显著大于对向下跳跃风险指标(Crash_05 和 Crash_1)回归系数的绝对值,且解释变量对向上跳跃风险指标(Jump_05 和 Jump_1)回归的决定系数均大于对向下跳跃风险指标(Crash_05 和 Crash_1)回归的决定系数。上述结果说明,融资融券对跳跃风险的作用更多地体现在价格过度上涨的层面上,这与已有的关于卖空交易机制有利于降低资产泡沫的研究结论相吻合。(Miller,1977;Scheinkman and Xiong,2003;Chang et al.,2007;陈淼鑫和郑振龙,2008)

此外,我们对表 5-3 中控制变量的回归系数进行分析后发现,大部分情况下,高市值、高换手率、高买卖价差、高历史收益率的股票具有更高的跳跃风险,这与表 5-2 的分析结论一致。此外,与孔东民和魏诗琪(2009)的发现相似,机构持股与跳跃风险之间存在一定的正相关关系。

5.2.3 异质性波动

异质性波动表示股票价格中无法用市场波动来解释的部分,异质性波动往往也被用于衡量上市公司信息透明度和证券市场信息效率。借鉴 Gaspar 和 Massa(2006)以及 Brown 和 Kapadia(2007)的方法,我们从股票价格总波动中分解出异质性波动部分,进而比较融资融券标的股票和非标的股票以及股票加入和被剔除出融资融券标的前后异质性波动的变化。

表 5-4 的结果显示,融资融券可显著降低公司层面的异质性波动。首先,融资融券标的股票价格的异质性波动显著小于非融资融券标的股票("Panel A");其次,加入融资融券标的后,股票价格异质性波动显著下降("Panel B");最后,被剔除出融资融券标的后,股票价格的异质性波动显著增加("Panel C")。这些结果与前面关于波动性和跳跃风险的结果完全一致。

控制变量回归结果显示:账面市值比越高、公司规模越小、换手率越低、买卖价差越低、历史收益率越低、财务杠杆越小、价格波动性越小的公司异质性波动越小;同时,机构持股也会增加股票的异质性波动。

王亚平等(2009)研究表明,在中国股票市场上,股价同步性与公司信息透明度之间呈正相关关系。公司信息透明度越低,股价同步性越低。可见,异质性波动也可以用于评价公司信息透明度,表 5-4 的结果则说明,融资融券交易的推出提高了我国股票市场中上市公司的信息透明度,从而提高了股票定价效率。

表 5-4 异质性波动层面的面板分析结果

变量	Panel A: 标的股票 vs. 非标的股票 Short Dummy: Short_List		Panel B: 加入标的前 vs. 加入标的后 Short Dummy: Event_In		Panel C: 被剔除出标的前 vs. 被剔除出标的后 Short Dummy: Event_Out	
	IR1	IR2	IR1	IR2	IR1	IR2
Intercept	0.0012**	−0.0088***	−0.0067***	−0.0111***	0.0041	−0.0064**
	1.99	−13.01	−3.64	−5.56	0.78	−1.35
Short Dummy	−0.0006***	−0.0005***	−0.0008***	−0.0005***	0.0007**	0.0006*
	−15.89	−11.61	−9.72	−5.64	2.21	1.69
BM	−0.0018***	−0.0015***	−0.0023***	−0.0017***	−0.0012**	−0.0010**
	−25.77	−18.17	−10.52	−7.04	−2.57	−2.27
Size	−0.0002***	0.0003***	0.0002**	0.0003***	−0.0003	0.0001
	−6.65	9.33	2.21	3.90	−1.46	0.63
Turnover	0.0010***	0.0014***	0.0013***	0.0017***	0.0019***	0.0026***
	32.64	37.77	16.08	17.38	4.09	5.29
Spread	0.0162***	0.0278***	0.0186***	0.0215***	−0.0227	−0.0234
	8.42	12.28	4.15	4.18	−1.42	−1.37
Yield	0.0082***	0.0111***	0.0060***	0.0076***	0.0120***	0.0141***
	68.95	78.97	24.82	27.14	11.25	12.38

(续表)

变量	Panel A: 标的股票 vs. 非标的股票 Short Dummy: Short_List		Panel B: 加入标的前 vs. 加入标的后 Short Dummy: Event_In		Panel C: 被剔除出标的前 vs. 被剔除出标的后 Short Dummy: Event_Out	
	IR1	IR2	IR1	IR2	IR1	IR2
Yield_lag	0.0028***	0.0028***	0.0020***	0.0020***	0.0045***	0.0042***
	29.28	24.71	12.08	10.67	4.53	3.99
ROE	0.0000	0.0000	0.0004	0.0006*	0.0002	0.0001
	.0.76	.0.51	1.20	1.84	0.48	0.13
Lev	0.0003***	0.0011***	0.0001	0.0011***	0.0019**	0.0021***
	3.52	10.30	0.36	3.23	2.19	2.59
Volatility	0.9234***	0.8590***	0.9101***	0.8589***	0.8965***	0.8478***
	581.24	457.78	241.04	198.12	65.01	57.65
Institution	0.0003***	0.0004***	0.0007***	0.0008***	0.0002	0.0001
	4.94	4.45	3.07	3.08	0.68	0.21
Stock-Level Effect	Yes	Yes	Yes	Yes	Yes	Yes
Month-Level Effect	Yes	Yes	Yes	Yes	Yes	Yes
Observation	114151	114151	19918	19918	1856	1856
R-Square	0.8563	0.7988	0.8613	0.8145	0.8490	0.8271

注:*、**、*** 分别表示 10%,5%,1% 置信水平下显著。

5.3 稳健性分析

基于以上分析,我们认为我国融资融券交易机制的推出显著降低了股票价格的波动性、跳跃风险和异质性波动,对股票价格的稳定起到了积极作用。我们还利用不同的方法和指标,对上述实证结果的稳健性进行进一步检验。

2012年8月30日,我国证券市场正式启动转融通业务试点,融资融券交易制度进一步健全。转融通试点推出后,市场释放出较为旺盛的业务需求,沪深两市融资融券交易量大幅增加(见图5-1)。为比较不同发展阶段融资融券交易对股票价格稳定性的影响,我们以2012年8月30日为分界点,分别对转融通试点启动前两次融资融券标的股票加入事件和转融通试点启动后三次融资融券标的股票加入事件进行分析,结果如表5-5所示。[①]

我们分析后发现,不管是转融通试点启动前还是启动后,虚拟变量Event_In对价格稳定性指标Pct5、IR2、Crash_1和Jump_1的回归系数几乎都为负值。此外,在对转融通业务试点启动前两次事件的分析中,虚拟变量Event_In的回归系数均不够显著;与此相反,在对转融通业务试点启动后三次事件的分析中,虚拟变量Event_In的回归系数均在1%的水平下显著,回归系数的绝对值也显著大于前者。以上结果说明,我国融资融券交易制度对股票价格稳定性的影响是

---

① 限于篇幅,笔者只列出了部分具有代表性的波动性指标的回归结果。

5. 市场稳定性

表 5-5 转融通业务前后加入标的股票对股票价格稳定性的影响

变量	Pct5		Crash_1		Jump_1		IR1	
	转融通前	转融通后	转融通前	转融通后	转融通前	转融通后	转融通前	转融通后
Intercept	0.0995***	−0.2909***	−0.1405***	−0.7534***	−0.1742***	−0.0787***	−0.0022	−0.0055***
	2.72	−7.30	−10.11	−18.19	−6.90	−3.49	−0.62	−3.01
Event_In	0.0052	−0.0079***	−0.0038***	−0.0525***	−0.0022	−0.0052***	−0.0001	−0.0008***
	1.26	−3.87	−4.90	−4.20	−0.92	−4.20	−0.37	−8.97
BM	−0.0338***	−0.0270***	−0.0010	0.0533***	0.0138***	−0.0035	−0.0019***	−0.0024***
	−5.81	−6.04	−0.62	2.64	3.64	−1.38	−3.94	−11.68
Size	−0.0034**	0.0126***	0.0054***	0.0719***	0.0049***	0.0037***	−0.0000	0.0002**
	−2.24	7.33	9.00	10.13	4.66	3.78	−0.14	2.29
Turnover	0.1081***	0.0806***	0.0143***	0.0070***	0.0152***	0.0419***	0.0021***	0.0010***
	30.25	47.11	21.42	3.35	7.25	39.28	7.91	12.46
Spread	1.8726***	3.2615***	0.9163***	5.1097***	−0.0901	1.7230***	0.0259**	0.0082*
	11.31	32.01	22.52	4.14	−1.00	26.55	2.39	1.75
Yield	0.1206***	0.1320***	−2.0238***	−13.6166***	2.9635***	3.0914***	0.0082***	0.0057***
	15.46	21.89	−45.46	−22.30	36.51	43.58	15.84	21.51
Yield_lag	0.0247***	0.0066*	−0.0039	0.1973***	0.3566***	−0.0320***	0.0045***	0.0017***
	3.33	1.76	0.66	2.76	5.06	−3.43	9.43	10.40

（续表）

变量	Pct5		Crash_1		Jump_1		IR1	
	转融通前	转融通后	转融通前	转融通后	转融通前	转融通后	转融通前	转融通后
ROE	−3.7002**	0.0090	0.0039	−0.0026	−1.4372**	0.0061*	0.1392*	0.0003
	−3.26	1.46	1.61	−0.19	−2.22	1.60	1.77	1.14
Lev	0.0012	0.0125**	−0.0011	−0.0384	−0.0010	0.0061**	0.0003	−0.0002
	0.19	2.04	−0.55	−1.51	−0.23	1.83	0.54	−0.65
Institution	0.0011	0.0072	0.0035*	0.0323**	0.0002	0.0061***	0.0012**	0.0004*
	0.16	1.41	1.84	1.83	0.05	2.01	2.28	1.88
Skew			−0.0076***	−0.1901***	0.0059***	0.0105***		
			−22.14	−38.89	11.01	19.36		
Kurt			0.0018***	0.0397***	0.0003	0.0025***		
			12.56	18.98	1.53	10.68		
Volatility			0.7719***	23.4508***	2.9992***	−0.9632***	0.8061***	0.9437***
			50.18	45.12	42.66	39.31	95.22	233.08
Stock-Level Effect	Yes	Yes	Yes	Yes	Yes	Yes	Yes	Yes
Month-Level Effect	Yes	Yes	Yes	Yes	Yes	Yes	Yes	Yes
Observation	6531	12476	5946	11522	5946	11522	6530	12475
R-Square	0.2459	0.3874	0.2966	0.3275	0.5524	0.3959	0.7184	0.9010

注：*、**、***分别表示10%、5%、1%置信水平下显著。

一个由弱到强的发展过程。融资融券试点推出初期,市场参与者和可进行融资融券交易的股票数量非常有限,交易规模非常小,融资融券交易对股票价格波动性起了一定的抑制作用,但整体效果并不明显。转融通业务试点启动后,融资融券交易量和余量都有了显著的提升,做空与做多双向交易更为便捷,有利于抑制市场对个股的过度炒作,进一步发挥卖空和杠杆交易的市场功能,使融资融券对股票价格的稳定作用得以逐渐体现。

此外,我们还借鉴了 Bawa(1979)、Sortino 和 Meer(1991)等的方法,对股票收益率上方风险和下方风险进行分析;采用不同的数据频率,用季度数据替代月度数据对前文的结果进行检验;在事件分析中,尝试运用不同的时间窗口(如 6 个月和 18 个月);在定义股票价格大幅波动时,采用其他门槛值(如 3% 和 7%);在定义跳跃风险时,采用其他分位概率(如 0.1%、2% 和 5%)。这些稳健性研究都得到了和前文较为一致的结果,限于篇幅,我们不将上述结果一一列出。

5.4 影响机制

本部分通过比较分析融资融券交易前后股票的流动性、市场信息不对称程度、机构投资者持股和过度投机,试图探讨卖空交易影响股票价格稳定性的内在机制和传导过程。

5.4.1 流动性

沿用第 4 章的方法,我们用买卖价差来衡量市场的流动性,进而分析股票加入和被剔除出融资融券标的前后流动性的变化。如表5-6中的"Panel A"所示，虚拟变量 Event_In 对买卖价差 Spread 的回归系数为 -0.0005，并在1%的水平下显著。可见，股票加入融资融券标的后，买卖价差明显下降，说明其流动性显著提高。一般认为，流动性能够直接反映套利交易者的交易成本。根据 Kyle(1985)的模型，市场流动性越高，投资者的交易行为对资产价格的影响越小，套利交易者基于私有信息的交易会越频繁。同时，在流动性较高的市场中，套利交易者也更有动力去获取更为准确的市场信息。因此，当市场流动性增强时，交易成本的降低会提高投资者参与套利交易的热情，使得股票价格更为快速和充分地吸收市场信息，定价错误被迅速纠正，从而提高价格的稳定性。

5.4.2 信息不对称

Hong 和 Stein(2003)从行为金融的角度考察了市场泡沫和暴跌发生的原因，认为异质信念和卖空约束是产生市场泡沫和暴跌的重要原因。陈国进和张贻军(2009)检验了异质信念与我国股市暴跌之间的关系，发现我国投资者的异质信念程度越大，市场（个股）暴跌的可能性越大。一般来说，公司基本面的不确定性和准确信息反馈的缺乏会导致更大的投资者心理偏差和信念分歧，从而提高价格波动性，因此信息不对称程度的降低对股票价格稳定性具有促进作用。(Hirshleifer,2001)Leland(1992)等还发现，内幕交易作为信息不对称的典型表现形式，会加剧价格的波动。

我们继续沿用第4章的做法，用知情交易概率作为衡量信息不对称的指标，研究融资融券交易对个股信息不对称的影响。如表5-6

中的"Panel B"所示,虚拟变量 Event_In 对知情交易概率 PIN 的回归系数为-0.0035,且在5%的水平下显著。可见,股票加入融资融券标的后,由知情交易概率所反映的信息不对称程度显著下降。同时,虚拟变量 Event_Out 对 PIN 的回归系数为0.0065,说明股票在被剔除出标的之后,其信息不对称程度有所提高。融资融券一方面为市场提供了做空与做多的双向交易机制,另一方面也为投资者进行杠杆交易创造了条件。不管是双向交易还是杠杆交易,都有利于降低市场异质信念和信息不对称程度,降低股票价格暴涨暴跌的可能性,从而提高股票价格的稳定性。

5.4.3 机构持股

从本章第3部分的分析可以发现,多数情况下,机构投资者持股对股票价格的稳定性存在一定的负向影响,这与孔东民和魏诗琪(2009)的结论一致。王亚平等(2009)也证明,机构投资者持股比例与股价同步性负相关,即机构持股会增加股票价格波动中的异质性部分。为了研究融资融券影响股票价格稳定性的传导过程,我们进一步分析股票加入和被剔除出融资融券标的前后机构投资者的变化情况,结果如表5-6中的"Panel C"所示。

股票加入融资融券标的后,机构投资者的持股比例出现了一定程度的下降;股票被剔除出融资融券标的后,机构投资者的持股比例显著提高。联系前文的研究结论,我们认为控制机构持股和机构投资者的行为,也是融资融券稳定股票价格的重要传导机制。已有的很多研究认为,机构投资者破坏了股票价格的稳定。由于交易行为的特殊性,机构投资者的羊群效应和动态正反馈交易使得股票价

表 5-6 融资融券交易影响价格稳定性的机制分析

变量	Panel A: 买卖价差		Panel B: 知情交易概率		Panel C: 机构持股	
	加入标的	被剔除出标的	加入标的	被剔除出标的	加入标的	被剔除出标的
Intercept	−0.0127***	−0.0402***	0.2418***	0.1713*	−0.3385***	−0.3911***
	−3.40	−3.14	8.96	1.84	−4.35	−0.64
Event_In	−0.0005***		−0.0035**		−0.0022	
	−3.12		−2.45		−0.86	
Event_Out		−0.0005		0.0065		0.0492**
		−0.63		1.17		2.47
Turnover	0.0049***	0.0117***	0.0183***	−0.0083	−0.0231***	0.2101***
	34.52	15.65	4.90	−0.85	−9.01	4.11
Spread			0.2240**	−0.0374	0.2842**	−2.8097***
			2.51	−0.14	2.23	−2.75
BM	−0.0074***	−0.0048***	0.0183***	0.0420***	−0.0233***	−0.0058
	−17.79	−4.76	4.90	4.61	−2.76	−0.10
Size	0.0010***	0.0021***	−0.0062***	−0.0038	0.0227***	0.0255
	6.73	4.03	−5.37	−0.95	6.89	0.98

（续表）

变量	Panel A:买卖价差		Panel B:知情交易概率		Panel C:机构持股	
	加入标的	被剔除标的	加入标的	被剔除标的	加入标的	被剔除标的
Yield	0.0097***	0.0133***	0.1078***	0.0890***	0.0209***	0.0142
	22.24	7.52	20.70	4.19	2.80	0.16
Yield_lag	0.0059***	0.0135***	0.0010	−0.0025***	0.0172***	0.0349
	20.61	8.26	0.30	−0.12	3.42	0.42
ROE	0.0087***	−0.0017	0.0221	−0.0090***	−0.0955*	−0.0352
	2.94	−0.86	0.69	−0.34	−1.83	−0.25
Lev	0.0014**	0.0028	0.0030	0.0289*	−0.0301**	−0.1472
	2.28	1.47	0.62	1.76	−2.18	−1.36
Institution	0.0009**	−0.0004	0.0236***	−0.0013		
	1.99	−1.14	5.34	−0.26		
Stock-Level Effect	Yes	Yes	Yes	Yes	Yes	Yes
Month-Level Effect	Yes	Yes	Yes	Yes	Yes	Yes
Obs	16452	1448	16451	1447	16452	1448
R-Square	0.1922	0.3797	0.0338	0.0357	0.0098	0.0204

注：*，**，*** 分别表示 10%，5%，1%置信水平下显著。

格偏离其基础价值从而导致更大的波动性。①（施东晖，2001；Dennis and Strickland，2002；孔东民和魏诗琪，2009）。

5.4.4 过度投机

近年来，很多学者对股票交易中的博彩偏好和博彩特征进行了研究。投资者表现出的博彩偏好越强，说明市场的投机氛围越浓，市场发生大幅波动和跳跃风险的概率越高。基于 Kumar(2009)、郑振龙和孙清泉（2013）的方法，我们将"低股价、高历史收益率、高波动性"的股票归类为博彩类股票，按月度计算出我国股票市场博彩类股票的比例。然后，用博彩类股票比例来衡量市场的投机氛围，分所有股票、加入融资融券标的股票和被剔除出融资融券标的股票三个样本研究融资融券交易对于投资者博彩偏好的影响，结果如表 5-7 所示。

表 5-7 融资融券前后博彩类股票比例的比较

样本	事件前	事件后	Diff（事件后—事件前）
样本一：所有 A 股	0.1438***	0.1319***	−0.0119***
	46.2861	61.5926	−3.16
样本二：加入标的的股票	0.1098***	0.1044***	−0.0054*
	35.1721	40.6987	−1.32
样本三：被剔除出标的的股票	0.0908***	0.1091***	0.0183***
	61.3319	50.1084	6.97

注：*、*** 分别表示在 10% 和 1% 置信水平下显著。

首先，与郑振龙和孙清泉（2013）的研究结果相似，基于三个不同

---

① 当然，关于机构投资者对价格稳定性影响的文献很多，研究结论也不尽一致，有兴趣的读者可参考孔东民和魏诗琪(2009)对相关文献的总结。

样本事件前后的计算结果均表明,博彩类股票比例在1%的水平下显著不为零,说明我国股票市场中投资者存在明显的博彩偏好。其次,从样本一和样本二计算结果的差异可以看出,融资融券标的股票中博彩类股票的比例要低于非标的股票。更为重要的是,在样本一和样本二中,当有股票加入融资融券标的时,博彩类股票的比例均显著下降;在样本三中,当股票被剔除出融资融券标的后,被剔除样本中博彩类股票的比例显著提高。综上所述,融资融券交易有利于抑制股票市场中投资者的博彩偏好和博彩行为,从而提高股票价格的稳定性。

5.5 小　　结

卖空交易作为市场交易制度的重要组成部分,被普遍认为有利于提高市场信息传递效率,增强价格发现机制的作用,抑制证券价格的非理性波动和资产泡沫。本章以我国A股市场2010年3月31日推出的融资融券交易为研究对象,结合非平衡面板数据分析和事件分析方法,研究卖空机制对股票价格稳定性的影响。我们发现:首先,融资融券交易机制的推出有效降低了标的股票价格的波动性;其次,融资融券交易显著降低了股票价格的跳跃风险,有利于抑制股票价格的暴涨暴跌;最后,融资融券在抑制股票价格的异质性波动上也起了实质作用,有助于提高上市公司信息透明度和市场信息效率。我们对上述现象的产生机制和传导过程的分析表明,融资融券交易有利于降低市场的信息不对称程度,控制机构持股和机构投资者的行为,抑制市场投机。这些分析结果为融资融券交易有利于稳定股票价格提供了合理的解释。

6. 公司治理效应

证券市场能通过价格机制对公司形成监督效应,但价格机制发挥作用的效果依赖于资本市场的价格发现功能,而本书第 4 章的研究则表明,融资融券交易试点的推出显著改善了标的股票和整个市场的定价效率。因此,卖空机制可能通过完善资本市场价格机制实现公司外部治理。Admati 和 Pfleiderer(2009)通过理论模型证实,股价对公司管理层的不当行为越敏感,越能促使管理层放弃损害股东利益而谋求私利的做法。尽管在没有卖空交易时,普通股东也可以通过卖出股票对管理层的不当经营行为进行惩罚,但卖空交易可以放大这一作用。Karpoff 和 Lou(2010)、Hirshleifer 等(2011)的研究也表明,卖空者善于利用公司负面消息来实现做空和打压股价的目标。因此,卖空交易对公司负面消息的放大作用,会大大提高管理层不当行为的成本。

本章利用我国股票市场融资融券数据,从盈余管理和公司现金持有价值的角度,对融资融券的公司治理效应进行探究。通过研究发现,融资融券交易试点的推出有利于减少公司的盈余操纵行为,并控制公司对超额现金的挥霍。

6.1 理论机制与研究假设

6.1.1 融资融券影响公司治理的内在机理

（1）宏观机理

证券市场资源配置功能的实现依赖于价格机制和监管机制，其中起决定作用的是价格机制。价格机制是指在证券市场上通过股票价格的高低和波动，反映股票发行公司的营运状况和变动情况。股票价格反映了投资者对上市公司经营状况和公司管理层能力的评价，能够激励管理层努力工作。此外，当公司经营状况持续恶化并反映到股票价格上时，也可能吸引外部收购者启动并购接管程序，这会导致被并购公司的经理人丢掉职位，从而对管理层的行为产生威慑作用。上述机制发挥作用的前提条件是股票价格能正确反映公司的营运状况，即市场具有高效的价格发现功能。从理论上讲，卖空机制会导致产生股价被高估、股价信息含量低和信息反应速度慢等问题。大量已有研究也证实，卖空机制有利于提高股票价格的信息效率。因此，如图 6-1 所示，卖空机制可以通过提高市场的定价效率，促使价格机制和并购机制发挥作用，进而完善公司外部治理。

首先，在资本市场有效的假设前提下，价格机制具有价格发现和价格评价功能。上市公司的股票价格能够真实全面地反映公司经营业绩、治理效率等信息，客观地体现公司价值。这种价格发现功能为公司利益相关者提供了一个考察公司表现的标准，大大降低了大股

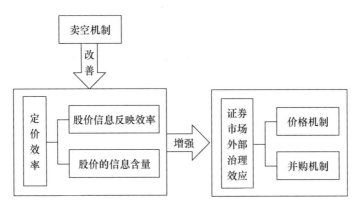

图 6-1 卖空机制外部治理效应作用机制逻辑图

东、债权人等公司利益相关者的代理成本。公司利益相关者会根据股价的波动对公司的经营状况及时作出反应(如更换管理层、提高贷款利率、卖出股票等),从而形成对管理层的持续监督效应。此外,资本市场的价格机制还体现为价格评价功能。公司的业绩水平与管理层才能和努力程度正相关,较高的股价可以视为投资者对公司管理层的肯定与激励,而持续下跌的股价则表达了投资者对公司某方面经营状况的不满。此外,很多公司对管理层实行股权激励计划,将管理层报酬与公司股价挂钩,这将进一步通过价格机制对公司管理层进行监督和激励。

其次,并购接管机制是通过对公司控制权的争夺而实现的一种资源配置方式。如果上市公司的经营管理出现连续失误,公司绩效持续下降,那么在有效市场中,公司的股价将会不断下跌。当股价下跌到一定程度时,一些外部投资者认为收购该公司有利可图,并购接管便会发生。与此同时,股价的下跌也会导致大量中小股东"用脚投票",抛售股票,这也有利于并购者收集股权。而公司控制人的变更通常意味着原有的公司管理层被撤换,导致其失去职位和其他特权。因此,一个活跃的并购市场会对公司管理层形成持续威慑。在外部接管的潜在威胁下,管理层不得不谨小慎微,减少不良操纵行为,避免出现负面消息,努力达成投资者的预期业绩。

可见,有效的价格机制是资本市场实现外部公司治理功能的重要前提。资产定价效率的提升能够促进资本市场通过价格机制和并购接管机制影响公司治理。因此,如果融资融券交易可以改善资本市场的价格发现功能,自然也能起到增强资本市场外部公司治理功能的作用。

(2) 微观机理

Massa 等(2013)提出用三阶段模型来解释卖空交易实现外部治理的作用机制。该模型指出,卖空交易会以一种类似于股东"用脚投票"的方式来实现外部治理。对于卖空交易从源头上抑制管理层不良行为的机制,可从决策主体,即管理层和大股东方面进行探讨,如图 6-2 所示。

图 6-2 模型时间轴

在 $t=0$ 阶段,假设存在一种有利于管理层而不利于公司价值的不良行为,管理层可以选择是否作出不良行为。为方便表述,我们用参数 a 来代表管理层的选择,$a=1$ 表示管理层选择了不良行为,$a=0$ 表示管理层放弃了不良行为。当 $a=0$ 时,公司在 $t=1$ 阶段的股价为 p_1,在 $t=2$ 阶段的价值为 v。那么,在不考虑折现的情况下,管理层

的报酬为 $f_0 = w_1 p_1 + w_2 v$，其中 w_1 和 w_2 为常数。当 $a=1$ 时，假设管理层选择不良行为可以获取私利 β，但公司价值会在下一阶段下降到 $v-\delta$，此时管理层的总报酬为 $f_1 = \beta + w_1 p_1 + w_2 (v-\delta)$。表 6-1 总结了管理层不同决策下的报酬情况及公司在 $t=2$ 阶段的价值。

表 6-1 管理层决策与回报

管理层决策	管理层报酬	公司价值
$a=0$	$f_0 = w_1 p_1 + w_2 v$	v
$a=1$	$f_1 = \beta + w_1 p_1 + w_2 (v-\delta)$	$v-\delta$

不难看出，当 $f_1 \geqslant f_0$ 时，管理层会选择不良行为。简单计算后该不等式等同于 $\delta \leqslant \beta/w_2$，可见当 δ 取值在区域 $(0, \beta/w_2)$ 时，代理问题便会发生。该可行域越小，管理层选择不良行为的可能性就越小，因此能有效缩小该可行域的机制便会起到约束管理层行为的作用。

假设受到某种机制的影响，p_1 会随着管理层是否采取不良行为而改变，那么 $f_1 \geqslant f_0$ 就可以被重新表述为 $\delta \leqslant \beta/w_2 - w_1/w_2 \times [p_1(a=0) - p_1(a=1)]$。此时，使得 $p_1(a=0) \geqslant p_1(a=1)$ 的机制，都能减少代理问题。例如，如果投资者在管理层选择不良行为时"用脚投票"，投资者的抛售行为会向市场传递公司运营出现问题的负面信息，进而导致 $t=1$ 阶段的股价 p_1 降低。卖空交易便是能够降低 p_1 的机制之一。卖空者被普遍认为是知情者，他们有能力在消息被公开前发现公司的不良行为从而找到卖空获利的机会。（Dechow et al.，1996；Desai et al.，2002；Karpoff and Lou，2010）因此，卖空交易的存在增强了 $t=1$ 阶段股价对管理层不良行为的敏感性，提高了管理层选择不良行为的成本，从而从源头上对管理层形成制约。

6. 公司治理效应

从大股东角度出发,在前文基本假定的基础上,我们进一步假设管理层采取损害公司利益的不良行为的概率为外生变量 q_1,大股东持有该公司股份 η 份,在 $t=0$ 阶段,大股东可以决定对公司内部治理投入资金 K(比如,在加强对管理层的监督、提高公司信息透明度等方面)。如果新增的内部治理机制能够降低坏行为发生的概率,即投入治理资金能将管理层选择不良行为的概率从 q_1 降至 $q_2=q_1-q$,假设 q 是 K 的单调递增凹函数。因此,如果管理层选择了不良行为(即 $a=1$),在 $t=1$ 阶段,大股东便售出 e 份公司股票并且保留剩下的份额至 $t=2$ 阶段,此时大股东的回报为 $C_1=ep_1+(\eta-e)\times(v-\delta)$。如果管理层未选择不良行为(即 $a=0$),大股东可以一直持有股票并且在 $t=2$ 阶段获得回报 $C_0=\eta v$。假设大股东通过最优决策来使得自身回报最大化,即大股东投资于内部治理的金额及在 $t=1$ 阶段售出的股票额度应该使得 $\text{Max}_{K,e}C=C_1q_2+C_0(1-q_2)-K$。

如果引入融资融券机制,由于卖空者是知情交易者,他们会与同样知悉公司内部负面消息的大股东形成竞争关系。这种竞争关系会对股票价格产生负面影响,这增加了大股东面对公司负面信息时的退出成本,从而促使大股东花费更多精力在公司治理上。从模型上分析,将 K 看作未知量,求解最优化问题 $\text{Max}_{K,e}C$,可得,最优 K 与 p_1 成反比,即 $t=1$ 阶段的股价 p_1 越低,大股东对公司内部治理投入的资金 K 越大。因此,当卖空者推低第一阶段股价时,大股东增加公司治理投入才是最优决策,说明卖空机制的存在会增加大股东"用脚投票"的成本,促使他们花费更多的精力进行内部治理。

6.1.2 研究假设

近年来,国外一些有关卖空机制与公司治理的实证研究证实,卖空交易能够对公司治理产生积极影响。那么融资融券交易在我国是否也具有外部治理效应?笔者分别从盈余管理和现金持有价值的角度,对这一问题进行探究。

(1)盈余管理

一些文献从公司盈余管理的角度,对卖空交易影响经理人行为和公司治理进行了研究。部分研究从"事后甄别"的角度发现,卖空者在消息被披露之前便能发现管理层的盈余操纵和欺诈行为。(Dechow et al.,1996;Desai et al.,2002;Karpoff and Lou,2010)此外,也有学者提出卖空交易存在"事前震慑"的效应。(Massa et al.,2015;Fang et al.,2016;陈晖丽和刘峰,2014;顾乃康和周艳利,2017)

Massa 等(2015)发现,卖空交易能够有效抑制公司的盈余操纵管理行为。Karpoff 和 Lou(2010)研究表明,放松卖空限制能够约束管理层的机会主义行为,降低公司的盈余管理程度。曹廷求和钱先航(2008)、高雷和张杰(2009)、谢继蕴(2009)等的研究都表明,我国公司盈余管理水平与公司治理水平呈负相关关系。因此,如果融资融券交易有利于改善公司治理,那么 2010 年 3 月我国融资融券交易试点推出后,公司的盈余管理规模会缩小。基于以上分析,我们提出如下假设:

假设 1:引入融资融券交易试点后,公司盈余管理规模缩小。

(2)现金持有价值

在公司的众多资产中,现金作为流动资产更容易引发代理问题(Myers and Rajan,1998)。当管理层掌握足够的控制权时,现金储备很容易变成私人利益。(Frésard and Salva,2010)Dittmar 和 Mahrt-Smith(2007)以公司现金持有为切入点,发现治理较好公司的现金持有价值是治理较差公司的两倍。主要原因在于,良好的治理环境能够防止管理层滥用公司现金,而治理差的公司的管理层更容易挥霍现金,从而大大降低公司的现金持有价值。Frésard 和 Salva(2010)以在美国与其他国家交叉上市的公司为样本,发现在投资者保护环境较差的发展中国家上市的公司,在美国交叉上市后,由于美国有严格的证券监管法规、投资者保护制度和更高的市场透明度,该上市公司超额现金持有价值得到显著提升。

韩立岩和刘博研(2011)、陈春华(2013)等针对我国上市公司的相关研究也得出了相似的结论。姜宝强和毕晓方(2006)利用我国上市公司数据对公司超额现金持有价值和公司绩效的关系进行了研究,发现二者的关系受到代理成本的影响。当代理成本较高时,公司自由现金流问题严重,管理层挥霍大量现金,降低了超额现金持有价值。而对于代理成本较低的公司,良好的治理环境限制了管理层的自利行为,公司超额现金持有价值较高。罗琦和秦国楼(2009)对沪深两市非金融上市公司进行了实证分析,发现投资者保护程度较高的公司有较高的现金持有量,但这并不意味着这些公司的现金持有价值较低。相反,这些公司的投资不足和过度投资现象都相对较少。他们将这一现象解释为投资者保护的治理效应是通过抑制终极控股股东滥用、转移公司现金资产实现的。

可见,已有文献证实了外部治理环境的改善有利于提升公司现金持有价值,但外部治理机制对公司现金持有量及其价值的影响并不明确。(Dittmar and Mahrt-Smith,2007;罗琦和秦国楼,2009)如果融资融券交易具有外部治理效应,那么融资融券试点的推出应该有利于公司现金持有价值的提高,为此我们提出以下假设:

假设 2：引入融资融券交易试点后，公司持有现金的边际价值提高。

6.2 研究设计

6.2.1 盈余管理

最早，Jones(1991)通过建模发现，一般情况下，企业的应计利润和销售量、固定资产以及应收账款之间存在稳定的线性关系。随后，Dechow 等(1995)在 Jones(1991)模型上进行修正，认为前者提到的稳定线性关系也存在于同行业中。因此，利用同行业的各企业数据，可以对这一线性关系进行拟合，用以衡量企业可操控应计项目以及盈余管理的程度。本章中，我们分别采用 Jones(1991)模型和 Dechow 等(1995)修正的模型将非操控应计利润作为公司盈余管理的代理变量。首先，对上市公司相应的数据分年度分行业进行回归，模型如下：

$$\frac{TA_{i,t}}{A_{i,t-1}} = \alpha_1 \frac{1}{A_{i,t-1}} + \alpha_2 \frac{\Delta REV_{i,t}}{A_{i,t-1}} + \alpha_3 \frac{PPE_{i,t}}{A_{i,t-1}} + \varepsilon_{i,t} \quad (6-1)$$

$$\frac{TA_{i,t}}{A_{i,t-1}} = \alpha_1 \frac{1}{A_{i,t-1}} + \alpha_2 \frac{\Delta REV_{i,t} - \Delta REC_{i,t}}{A_{i,t-1}} + \alpha_3 \frac{PPE_{i,t}}{A_{i,t-1}} + \varepsilon_{i,t}$$

$$(6-2)$$

其中，总应计项目 $TA_{i,t}$ 表示公司 i 在 t 年的净利润与经营活动现金流之差；$A_{i,t-1}$ 表示公司 i 在 $t-1$ 年的总资产；$\Delta REV_{i,t}$ 表示公司 i 在 $t-1$ 年到 t 年营业收入的变化；$PPE_{i,t}$ 表示公司 i 在 t 年的固定资产;$\Delta REC_{i,t}$表示公司 i 在 $t-1$ 年到 t 年应收账款的变化。

对模型(6-1)和(6-2)进行估计后,我们将回归残差的绝对值定义为公司年度非操控应计利润,分别记作 $DA1_{i,t}$ 和 $DA2_{i,t}$。非操控应计利润数值越大,盈余管理程度越高。

为比较融资融券交易试点推出后融资融券标的与非标的公司盈余管理程度的差异,我们定义虚拟变量 Short-Dummy$_{i,t}$,当公司 i 第 t 年为融资融券标的时,取值 1,否则取值 0。接下来,采用以下模型进行回归分析:

$$DA_{i,t} = \alpha + \beta \times \text{Short-Dummy}_{i,t} + \sum \delta' \times \text{Controls} + \varepsilon_{i,t} \quad (6\text{-}3)$$

控制变量 Controls 主要包括:盈利能力指标(年平均净资产回报率 $Roe_{i,t}$、年平均每股盈余 $Eps_{i,t}$)、成长能力指标(年销售收入增长率 $Gsale_{i,t}$)、规模指标(公司年末市场价值的自然对数 $Size_{i,t}$)、偿债能力指标(年末财务杠杆率 $Lev_{i,t}$)、价值指标(年末托宾 Q 值 Tobinq$_{i,t}$)。

融资融券标的与非标的公司在盈余管理程度上的差异并非一定来源于融资融券交易。不能排除的一个可能是,在融资融券交易制度推出前,融资融券标的公司的盈余管理程度就已经与非标的公司存在显著差异,即可能存在内生性问题。为了缓解上述问题,我们对特定股票加入融资融券标的前后的盈余管理水平进行比较,模型如下:

$$DA_{i,t} = \alpha + \beta \times \text{Event-Dummy}_{i,t} + \sum \delta' \times \text{Controls} + \varepsilon_{i,t} \quad (6\text{-}4)$$

其中,解释变量 Event-Dummy$_{i,t}$ 为虚拟变量,以公司 i 加入融资融券标的日期所在年份为分界点,加入标的前 Event-Dummy$_{i,t}$ 取值为 0,加入后取值为 1。

最后,采用双重差分模型进一步控制内生性,具体模型如下:

$$\begin{aligned}\mathrm{DA}_{i,t} = & \alpha + \beta_1 \times \text{Event-Dummy}_{i,t} \times \text{Short-Dummy}_{i,t} \\ & + \beta_2 \times \text{Event-Dummy}_{i,t} + \beta_3 \times \text{Short-Dummy}_{i,t} \\ & + \sum \delta' \times \text{Controls} + \varepsilon_{i,t}\end{aligned} \quad (6-5)$$

由于交易所选取融资融券标的时,通常以公司股票的流动性、换手率和波动性等指标作为参考依据,为了保证样本满足双重差分模型的平行趋势假定,在进行双重差分回归之前,我们对样本采用倾向得分匹配(PSM)方法,将实验组(标的股票)和对照组(非标的股票)按照公司规模、资产收益率、净利润增长率、上市年限、股票交易换手率指标进行匹配,同时对行业和年度固定效应加以控制。

6.2.2 现金持有价值

我们借鉴 Faulkender 和 Wang(2006)的研究对融资融券影响公司现金持有价值进行探讨,具体的回归方程如下:

$$\begin{aligned}r_{i,t} - R_{i,t}^B = & \alpha_0 + \beta_1 \times \text{Short-Dummy}_{i,t} \times \frac{\Delta \text{Cash}_{i,t}}{\text{Mcap}_{i,t-1}} \\ & + \beta_2 \times \text{Short-Dummy}_{i,t} \\ & + \beta_3 \frac{\Delta \text{Cash}_{i,t}}{\text{Mcap}_{i,t-1}} + \sum \delta' \times \text{Controls} + \varepsilon_{i,t}\end{aligned} \quad (6-6)$$

$$\begin{aligned}r_{i,t} - R_{i,t}^B = & \alpha_0 + \beta_1 \times \text{Event-Dummy}_{i,t} \times \frac{\Delta \text{Cash}_{i,t}}{\text{Mcap}_{i,t-1}} \\ & + \beta_2 \times \text{Event-Dummy}_{i,t} \\ & + \beta_3 \frac{\Delta \text{Cash}_{i,t}}{\text{Mcap}_{i,t-1}} + \sum \delta' \times \text{Controls} + \varepsilon_{i,t}\end{aligned} \quad (6-7)$$

$$r_{i,t} - R_{i,t}^B = \alpha_0 + \beta_1 \times \text{Event-Dummy}_{i,t} \times \text{Short-Dummy}_{i,t} \times \frac{\Delta \text{Cash}_{i,t}}{\text{Mcap}_{i,t-1}}$$

$$+ \beta_2 \times \text{Event-Dummy}_{i,t} \times \frac{\Delta \text{Cash}_{i,t}}{\text{Mcap}_{i,t-1}}$$

$$+ \beta_3 \times \text{Short-Dummy}_{i,t} \times \frac{\Delta \text{Cash}_{i,t}}{\text{Mcap}_{i,t-1}}$$

$$+ \beta_4 \times \text{Short-Dummy}_{i,t} + \beta_5 \times \text{Event-Dummy}_{i,t}$$

$$+ \beta_6 \times \text{Event-Dummy}_{i,t} \times \text{Short-Dummy}_{i,t}$$

$$+ \beta_7 \frac{\Delta \text{Cash}_{i,t}}{\text{Mcap}_{i,t-1}} + \sum \delta' \times \text{Controls} + \varepsilon_{i,t} \quad (6\text{-}8)$$

其中,被解释变量 $r_{i,t} - R_{i,t}^B$ 表示股票 i 第 t 年的超额收益率,$r_{i,t}$ 表示股票 i 第 t 年的收益率,$R_{i,t}^B$ 表示股票第 t 年的基准收益率[①],解释变量 Short-Dummy$_{i,t}$ 和 Event-Dummy$_{i,t}$ 的定义与模型(6-3)(6-4)一致,$\Delta \text{Cash}_{i,t}$ 表示公司 i 现金持有量从第 $t-1$ 年到第 t 年的变化量,Mcap$_{i,t-1}$ 表示公司 i 第 $t-1$ 年的流通市值。

回归分析的控制变量包括:公司营业利润的变化量 $\Delta \text{Earnings}_{i,t}$、公司净资产的变化量 $\Delta \text{NetAssets}_{i,t}$、公司净融资的变化量 $\Delta \text{NetFinancing}_{i,t}$、公司利息支出的变化量 $\Delta \text{Interest}_{i,t}$。以上变化量均表示从第 $t-1$ 年到第 t 年的变化,并用滞后一年的流通市值 Mcap$_{i,t-1}$ 进行标准化。此外,控制变量还包括杠杆率 Lev$_{i,t}$、Lev$_{i,t}$ 与 $\Delta \text{Cash}_{i,t}$ 的交乘项以及滞后一期的现金持有量 Cash$_{i,t-1}$、Cash$_{i,t}$ 与 $\Delta \text{Cash}_{i,t-1}$ 的交乘项。

如果以上三个模型的回归系数 β_1 为正,则说明融资融券交易试

[①] 基于数据可得性,超额收益率分别通过市场调整法和行业调整法计算,即基准收益率分别取年度市场平均收益率和年度行业平均收益率。

点的推出提高了公司持有现金的边际价值。

6.3 结 果 分 析

笔者使用2009年至2014年沪深两市A股主板上市公司的年度财务数据和年度股票交易数据。针对融资融券标的股票,主要考虑2010年至2014年融资融券标的股票的五次主要调整(与第4章相同,详见表4-1)。融资融券数据来源于巨灵金融平台,实证中所需的财务报表数据和交易数据从国泰君安CSMAR数据库中获得。实证研究主要通过SAS软件实现。

6.3.1 盈余管理

表6-2为盈余管理相关分析中主要变量的描述性统计。从统计结果可以看出,我国A股上市公司盈余管理程度差异较大,标准差分别为0.294和0.300,最大值分别为16.053和16.527,最小值均为0。

表6-2 描述性统计

变量	观测值	均值	标准差	最大值	中位值	最小值
DA1	11817	0.105	0.294	16.053	0.058	0.000
DA2	11817	0.113	0.300	16.527	0.061	0.000
Size	11817	23.325	1.0219	28.436	22.136	19.942
Eps	11817	0.352	0.608	14.580	0.250	−6.691
Roe	11817	0.0514	1.236	28.696	0.079	−79.888

(续表)

变量	观测值	均值	标准差	最大值	中位值	最小值
Gsale	11817	0.207	0.648	5.076	0.106	−0.645
Lev	11817	0.475	0.217	1.000	0.481	0.000
Tobinq	11817	2.168	2.181	15.717	1.576	0.139

表 6-3 为混合回归的实证结果。四个回归过程都加入了行业固定效应和年度固定效应。如表 6-3 所示，Short-Dummy 对 DA1 和 DA2 的回归系数分别在 5% 和 1% 的水平下显著为负，说明相对于存在卖空约束的公司，允许卖空其股票的公司的非操控应计利润显著减少，盈余操纵情况得到改善。Event-Dummy 对 DA1 和 DA2 的回归系数均在 5% 的水平下显著为负，说明加入融资融券标的后，公司的盈余操纵情况得到显著改善。控制变量方面，四列回归中 Size 系数显著为负，Gsale 系数为正，说明成长性更强的公司更加倾向于盈余操纵，这与 Dechow 等（1995）等关于成熟大公司更多地受到来自政府监督部门、机构投资者、证券分析师等的监督，实施盈余管理的成本更大的论述一致。

表 6-3 融资融券与盈余管理混合回归结果

变量	DA1 （1）	DA2 （2）	DA1 （3）	DA2 （4）
Intercept	0.6777***	0.6441***	0.5039***	0.5064***
	(5.92)	(5.65)	(5.01)	(5.03)
Short-Dummy	−0.0151**	−0.0210***		
	(−2.24)	(−3.01)		
Event-Dummy			−0.0200**	−0.0218**
			(−2.34)	(−2.34)

(续表)

变量	DA1 (1)	DA2 (2)	DA1 (3)	DA2 (4)
Size	−0.0231***	−0.0196***	−0.0148***	−0.0131***
	(−4.10)	(−3.54)	(−3.18)	(−2.94)
Eps	0.0527**	0.0508**	0.0307*	0.0314*
	(2.57)	(2.54)	(1.89)	(1.87)
Roe	−0.0100*	−0.0090*	−0.0417	−0.0460
	(−1.76)	(−1.65)	(−0.97)	(−0.93)
Gsale	0.0000	0.0000	0.0016**	0.0017**
	(0.15)	(0.12)	(2.21)	(2.41)
Lev	0.0449**	0.0546**	0.0732***	0.0800***
	(2.07)	(2.55)	(2.70)	(2.71)
Tobinq	0.0019	0.0021	0.0064***	0.0056***
	(1.11)	(1.18)	(4.30)	(3.78)
Industry fixed effects	Yes	Yes	Yes	Yes
Year fixed effects	Yes	Yes	Yes	Yes
Observation	11817	11817	3543	3543
R-Square	0.1003	0.1073	0.0934	0.1011

注：*、**、***分别表示10%、5%、1%置信水平下显著。

为进一步解决内生性问题，笔者参考 Rosenbaum 和 Rubin(1983)提出的倾向得分匹配法(propensity score matching，PSM)，对标的股票和非标的股票按照公司规模、资产收益率、净利润增长率、资本负债率、年均换手率等指标根据卡尺匹配法以 1∶2 的比例进行匹配，同时对行业和年份固定效应进行控制，从而减少回归中标的股票样本与非标的股票样本在融资融券交易之外的差异。表 6-4 为分别对匹配前样本和匹配后样本进行的关于上述相关变量的 Probit 回归，用以观察上述变量对股票被选为融资融券标的的影响，从而可以判断此次匹配的有效性。(1)列为对匹配前样本的 Probit 回归,因变量为虚拟变量 Treat,表示该股票是否被选为融资融券标的。(2)列为对匹配后样本的 Probit 回归。从结果可见,标的股票和非标的股票匹配前在公司规模、资产收益率、净利润增长率等指标上均存在显著差异,而匹配之后这种差异基本不复存在,此次匹配有效地控制了一些其他变量的影响。

表 6-4 PSM 匹配有效性检测

指标	Treat (1) Pre-PSM	Treat (2) Post-PSM
Size	2.9870***	0.2510*
	(18.36)	(1.84)
Roe	−0.1018	1.5363
	(−0.29)	(1.64)
Growth	0.0076***	0.0050
	(2.60)	(0.68)
Lev	−0.2459	−0.9390*
	(−0.67)	(−1.77)
Turnover	0.0725***	−0.0637**
	(3.44)	(−2.04)
Age	0.8724***	0.1093
	(8.11)	(0.76)
Industry fixed effects	Yes	Yes
Year fixed effects	Yes	Yes
Observation	4845	2409
Rseudo-Rsquare	0.4923	0.1052

注:*、**、***分别表示 10%、5%、1% 置信水平下显著。

通过分析倾向得分匹配后的标的与非标的样本的盈余管理情况,得到的实证结果见表 6-5。可以发现,交乘项 Short-Dummy×Event-Dummy 系数仍然为负,且较为显著。这进一步验证了假设 1,

即引入卖空机制后,公司在实际活动中的盈余操纵显著减少。其他变量回归结果与混合回归结果相似。

表 6-5　融资融券与盈余管理双重差分模型回归结果

变量	DA1 (1)	DA2 (2)
Intercept	0.4691***	0.3763***
	(4.68)	(3.71)
Short-Dummy×Event-Dummy	−0.0208	−0.0283**
	(−1.54)	(−2.02)
Event-Dummy	−0.0002	−0.0015
	(−0.02)	(−0.11)
Short-Dummy	0.0143	0.0183*
	(1.56)	(1.84)
Size	−0.0154***	−0.0102**
	(−3.19)	(−2.07)
Eps	0.0283**	0.0274**
	(2.04)	(1.97)
Roe	−0.0085	−0.0121
	(−0.20)	(−0.27)
Gsale	0.0001	0.0001
	(0.51)	(0.55)
Lev	0.0583***	0.0726***
	(2.78)	(3.22)
Tobinq	0.0064***	0.0062***
	(4.53)	(4.25)
Industry fixed effects	Yes	Yes
Observation	4541	4541
R-Square	0.0753	0.0690

注:*、**、***分别表示10%、5%、1%置信水平下显著。

6.3.2 现金持有价值

表6-6为主要变量的描述性统计结果。其中,$\Delta Cash$的均值和中位值都大于0,说明我国大多数公司的现金持有量在样本期间都是增加的。而Cash的中位值高达0.154%,远远高于国际平均水平0.06%。(Dittmar *et al.*,2003)一方面,这说明我国公司面临融资成本较高的资本市场环境,可能更倾向于储藏现金资产;另一方面,由于现金资产的易转移性,高额的现金持有量也预示着存在潜在的代理问题。

表6-6 描述性统计

变量	观测值	均值	标准差	最大值	中位值	最小值
AR1	11551	0.012	0.547	20.123	−0.074	−1.554
AR2	11551	0.001	0.521	19.619	−0.065	−1.995
$\Delta Cash$	11551	0.012	0.179	0.833	0.001	−0.576
Cash	11551	0.274	0.340	1.945	0.154	0.002
Lev	11551	0.474	0.218	0.939	0.480	0.051
$\Delta Earnings$	11551	0.012	0.095	0.470	0.005	−0.324
$\Delta NetAssets$	11551	0.268	0.566	3.593	0.106	−0.501
$\Delta Interest_{i,t}$	11551	0.002	0.016	0.075	0.001	−0.051
$\Delta NetFinancing$	11551	0.036	0.416	1.846	0.004	−1.377

混合回归结果如表6-7所示。其中,因变量AR1为根据市场调整的股票超额收益率,因变量AR2为根据行业均值调整的股票超额收益率。(1)(2)列为融资融券标的与非标的的回归结果,(3)(4)列为公司加入融资融券标的前后的回归结果。四列回归结果显示,交乘项 $\Delta Cash \times Short\text{-}Dummy$ 和 $\Delta Cash \times Event\text{-}Dummy$ 系数分别为

0.4753、0.3174 和 0.3443、0.2372，且前两者在 1％的水平下显著，后两者分别在 5％和 10％的水平下显著。可见，混合回归结果与假设 1 一致，即股票成为融资融券标的后，公司经理人受到潜在的股票被卖空的威胁，滥用公司的现金资产情况减少，公司持有现金的边际价值提高，公司治理情况得到改善。

表 6-7　融资融券与现金边际价值混合回归结果

变量	AR1 (1)	AR2 (2)	AR1 (3)	AR2 (4)
Intercept	−0.0898**	−0.0818**	−0.0204	−0.1236
	(−2.29)	(−2.05)	(−0.23)	(−1.50)
ΔCash×Short-Dummy	0.4753***	0.3174***		
	(4.16)	(3.34)		
Short-Dummy	−0.0962***	−0.0740***		
	(−6.96)	(−5.66)		
ΔCash×Events-Dummy			0.3443**	0.2372*
			(2.56)	(1.94)
Event-Dummy			−0.1827***	−0.1296***
			(−6.41)	(−5.23)
ΔCash	0.4926***	0.4462***	0.5526**	0.5194**
	(4.12)	(3.79)	(2.08)	(2.05)
ΔNetAssets	0.0101	0.0065	0.0214	0.0215
	(0.65)	(0.46)	(0.91)	(0.97)
ΔNetFinancing	0.0127	0.0229	0.0064	0.0045
	(0.71)	(1.35)	(0.16)	(0.12)
ΔInterest	0.3974	0.1708	−0.0051	−0.2290
	(0.92)	(0.40)	(−0.01)	(−0.25)
ΔEarnings	0.9648***	0.9808***	0.9360***	0.9847***
	(10.92)	(11.50)	(4.73)	(5.17)
Lev	0.0180	0.0051	0.0107	0.0216
	(0.74)	(0.21)	(0.20)	(0.42)
Lev×ΔCash	−0.2488	−0.2700	−0.2424	−0.2850
	(−1.28)	(−1.40)	(−0.60)	(−0.74)

(续表)

变量	AR1 (1)	AR2 (2)	AR1 (3)	AR2 (4)
Cash×ΔCash	−0.2538***	−0.2625***	−0.1954	−0.2549
	(−2.69)	(−2.85)	(−1.14)	(−1.51)
Cash	0.1071***	0.0841***	0.1056***	0.0826**
	(4.56)	(3.83)	(2.83)	(2.33)
Industry fixed effects	Yes	Yes	Yes	Yes
Year fixed effects	Yes	Yes	Yes	Yes
Observation	11551	11551	2405	2405
R-Square	0.0870	0.0678	0.1038	0.0807

注：*、**、*** 分别表示10%、5%、1%置信水平下显著。

同样地，我们进一步采用双重差分法来检验融资融券交易对公司现金边际价值的影响。匹配效果见表6-8。可见，匹配前的公司规模、资产收益率、净利润增长率、资产负债率、年均换手率等指标在原样本的标的公司与非标的公司之间存在较大差异，而匹配之后这种差异基本上已不存在。因此，在股票加入融资融券标的前，匹配后样本中的标的股票与非标的股票在公司财务、交易情况等特征上不存在显著差异。

表6-8 PSM匹配有效性检测

指标	Treat (1) Pre-PSM	Treat (2) Post-PSM
Size	1.7770***	0.2881**
	(15.62)	(2.02)
Roe	3.5034***	0.1235
	(4.00)	(0.31)
Growth	−0.0024	0.0153*
	(−0.40)	(1.83)

(续表)

指标	Treat (1) Pre-PSM	Treat (2) Post-PSM
Size	1.7770***	0.2881**
	(15.62)	(2.02)
Lev	−3.7425***	−0.3795
	(−9.44)	(−0.74)
Turnover	0.0622***	−0.0215
	(3.19)	(−0.69)
Age	0.6373***	−0.0209
	(7.09)	(−0.15)
Industry fixed effects	Yes	Yes
Year fixed effects	Yes	Yes
Observation	4845	2409
Rseudo-Rsquare	0.3661	0.0845

注：*、**、*** 分别表示10%、5%、1%置信水平下显著。

表6-9为倾向得分匹配后双重差分回归的实证结果，回归结果与表6-6相似。其中，我们重点关注交乘项 Short-Dummy×Event-Dummy×$\Delta Cash$，其系数在1%的置信水平下显著为正，进一步验证了假设1，即引入融资融券交易机制后，可以进行融资融券交易的公司持有现金的边际价值提高，持有超额现金的公司超额现金价值提高。

表6-9 融资融券与现金边际价值双重差分回归结果

变量	AR1 (1)	AR2 (2)
Intercept	−0.0699***	−0.0301
	(−2.58)	(−1.20)
Short-Dummy×Event-Dummy×$\Delta Cash$	0.5150***	0.4231***
	(3.06)	(3.10)

(续表)

变量	AR1 (1)	AR2 (2)
Event-Dummy×ΔCash	−0.0879	−0.0973
	(−1.11)	(−1.63)
Short-Dummy×ΔCash	0.2078*	0.1861*
	(1.76)	(1.65)
Event-Dummy	−0.0784***	−0.0428*
	(−2.60)	(−1.84)
Short-Dummy	0.0843***	0.0750***
	(3.88)	(3.78)
Event-Dummy×Short-Dummy	−0.0462	−0.0475*
	(−1.31)	(−1.66)
ΔCash	0.1772	0.0898
	(0.73)	(0.41)
ΔNetAssets	0.0246	0.0231
	(1.36)	(1.34)
ΔNetFinancing	−0.0157	−0.0134
	(−0.53)	(−0.52)
ΔInterest	0.0865	0.2692
	(0.14)	(0.45)
ΔEarnings	0.9775***	1.0478***
	(7.06)	(8.26)
Lev	0.0294	0.0232
	(0.63)	(0.52)
Lev×ΔCash	0.0285	0.0070
	(0.08)	(0.02)
ΔCash×Cash	−0.1420	−0.1558
	(−0.99)	(−1.11)
Cash	0.0481	0.0336
	(1.52)	(1.16)
Industry fixed effects	Yes	Yes
Observation	3198	3198
R-Square	0.1157	0.1060

注：*、**、*** 分别表示10%、5%、1%置信水平下显著。

6.4 进一步分析

上一节对融资融券的公司治理效应进行了实证分析,本节分析融资融券制度对不同特征公司治理的影响效应差异,主要从三个角度进行探讨:机构投资者持股、外部融资环境以及产品市场竞争程度。

6.4.1 机构投资者持股

在我国,融资融券业务的推出为投资者提供了一种新的获利方式。投资者,尤其是卖空交易的主要参与者——机构投资者,会更有动机去挖掘和传播标的公司的负面私有信息。Massa 等(2013)的研究中直接将机构投资者持股比例作为衡量卖空威胁的指标,因为它们代表了卖空交易中可被融出的股票量。此外,唐斌(2013)的实证结果表明,股票定价效率越高,机构投资者持股对上市公司治理的影响越大。而已有文献证明卖空交易可以提高股票定价效率(Diamond and Verrecchia,1987;李科等,2014;李志生等,2015),由此可以推断出,机构投资者持股比例越高,卖空机制对公司治理的影响越大。因此,本部分以样本公司机构投资者持股比例的中位值作为区别持股比例高低组别的分界点,对样本按照机构投资者持股情况进行分组研究。

表 6-10 为融资融券交易机制对于盈余管理影响的双重差分模型的分组回归结果。可以看到,Short-Dummy × Event-Dummy 的系数在机构投资者持股比例较高的组中分别在 10% 和 1% 的水平下显著,而在(3)(4)列里,Short-Dummy × Event-Dummy 的系数不显著,

这也同样说明融资融券交易机制对公司盈余操纵程度的约束效用存在于机构投资者持股比例较高的公司中,而在机构投资者持股比例相对较低的公司中消失。可见,前文中融资融券交易机制降低标的公司盈余操纵程度的结论,主要是由机构投资者持股比例高的公司导致的。

表 6-10 机构投资者持股比例的影响(盈余管理)

变量	机构投资者持股比例高		机构投资者持股比例低	
	DA1 (1)	DA2 (2)	DA1 (3)	DA2 (4)
Intercept	0.2446***	0.1555	0.4957**	0.3848*
	(3.69)	(1.62)	(2.20)	(1.73)
Short-Dummy×Event-Dummy	−0.0273*	−0.0428***	−0.0114	−0.0100
	(−1.82)	(−2.64)	(−0.68)	(−0.58)
Event-Dummy	0.0103	0.0170	−0.0130	−0.0225
	(0.80)	(1.23)	(−0.76)	(−1.25)
Short-Dummy	0.0119	0.0074	0.0075	0.0175
	(1.36)	(0.70)	(0.52)	(1.17)
Size	−0.0099***	−0.0045	−0.0211*	−0.0162
	(−3.23)	(−1.18)	(−1.95)	(−1.51)
Eps	0.0079**	0.0065*	0.0841	0.0829
	(2.37)	(1.86)	(1.54)	(1.51)
Roe	0.0538*	0.0578	−0.0511	−0.0565
	(1.79)	(1.39)	(−1.09)	(−1.21)
Gsale	0.0044**	0.0034	0.0000	0.0001
	(2.02)	(1.22)	(0.24)	(0.42)
Lev	0.0081	0.0356	0.1162**	0.1161**
	(0.43)	(1.59)	(2.36)	(2.24)
Tobinq	0.0038*	0.0027	0.0087***	0.0089***
	(1.80)	(1.41)	(3.71)	(3.76)
Industry fixed effects	Yes	Yes	Yes	Yes
Observation	2202	2202	2255	2255
R-Square	0.1277	0.1131	0.0841	0.0790

注:*、**、*** 分别表示 10%、5%、1% 置信水平下显著。

表 6-11 是分组后对现金边际价值的双重差分模型回归结果。其中,(1)(2)列为机构投资者持股比例较高的样本回归结果,(3)(4)列则为机构投资者持股比例较低的样本回归结果。不难看出,Short-Dummy×Event-Dummy×ΔCash 的系数在机构投资者持股比例较高的组别中更显著。这说明,融资融券交易机制增强现金边际价值的效应在机构投资者持股比例高的组中更显著,公司在面临更大的卖空威胁时,会更加珍惜所持有的现金。

表 6-11 机构投资者持股比例的影响(现金边际价值)

变量	机构投资者持股比例高		机构投资者持股比例低	
	AR1 (1)	AR2 (2)	AR1 (3)	AR2 (4)
Intercept	−0.0590	−0.0198	−0.5192***	−0.3879***
	(−1.40)	(−0.55)	(−3.56)	(−2.70)
Short-Dummy×Event-Dummy×ΔCash	0.6456**	0.4754**	0.1637	0.1961
	(2.28)	(2.37)	(0.70)	(0.89)
Event-Dummy×ΔCash	−0.0635	−0.0100	−0.1185*	−0.1155
	(−0.32)	(−0.08)	(−1.77)	(−1.59)
Short-Dummy×ΔCash	−0.0887	0.0236	0.3729**	0.3433**
	(−0.56)	(0.17)	(2.25)	(2.03)
Event-Dummy	−0.1198***	−0.0643**	−0.0270	−0.0231
	(−2.91)	(−2.15)	(−0.85)	(−0.67)
Short-Dummy	0.0893**	0.0868***	0.0636**	0.0580**
	(2.47)	(2.93)	(2.18)	(2.02)
Event-Dummy×Short-Dummy	−0.0286	−0.0499	−0.0776*	−0.0529
	(−0.62)	(−1.37)	(−1.79)	(−1.19)
ΔCash	0.2210	0.0411	0.2563	0.1828
	(0.81)	(0.16)	(0.77)	(0.57)

(续表)

变量	机构投资者持股比例高		机构投资者持股比例低	
	AR1	AR2	AR1	AR2
	(1)	(2)	(3)	(4)
ΔNetAssets	0.0083	0.0035	0.0373*	0.0366*
	(0.27)	(0.13)	(1.81)	(1.73)
ΔNetFinancing	−0.0704*	−0.0300	0.0485	0.0113
	(−1.74)	(−0.83)	(1.26)	(0.31)
ΔInterest	1.9705**	1.0535	−1.6100*	−0.4540
	(2.44)	(1.39)	(−1.67)	(−0.49)
ΔEarnings	0.8349***	0.9477***	1.0348***	1.0902***
	(4.06)	(4.68)	(6.06)	(6.67)
Lev	0.0750	0.0795	−0.0239	−0.0415
	(1.17)	(1.37)	(−0.34)	(−0.58)
Lev×ΔCash	0.2823	0.1093	−0.1010	−0.1022
	(0.70)	(0.31)	(−0.22)	(−0.23)
ΔCash×Cash	−0.0883	−0.0957	−0.2895	−0.2617
	(−0.48)	(−0.55)	(−1.48)	(−1.32)
Cash	0.0630	0.0302	0.0786*	0.0668
	(1.53)	(0.81)	(1.85)	(1.58)
Industry fixed effects	Yes	Yes	Yes	Yes
Observation	1640	1640	1558	1558
R-Square	0.1226	0.0827	0.1304	0.1326

注：*、**、*** 分别表示10%、5%、1%置信水平下显著。

6.4.2 外部融资环境

融资融券作为证券市场的一种交易机制，其外部治理效应必然与证券市场对公司的基础核心功能——融资分不开。融资约束条件的差异会影响公司的现金持有策略(Almeida *et al*.,2004),同时也会对公司盈余管理和违规行为产生影响(廖秀梅,2007;卢太平和张东旭,2014)。本小节进而探讨不同的外部融资环境对于融资融券的外部治理效应的影响。我们使用公司融资交易成本来衡量公司融资约束程度。具体来说,根据公式(6-9)计算平均筹资成本 FC,作为衡量公司外部融资环境的指标。(陆正飞等,2010;蔡晓慧,2011;余静文,2012)公式(6-9)中筹资总成本指财务费用,Premiun 指人民银行公布的 1 年期贷款利率和 5 年期以上贷款利率之差。计算出各公司在样本期间的平均筹资成本 FC 的均值之后,我们将高于样本中位值的公司归为受融资约束较高的组,其他公司则归为受融资约束较低的组。

$$筹资总成本 = 短期借款 \times FC + 长期存款 \times FC + Premium \tag{6-9}$$

表 6-12 为盈余管理方面的分组回归结果。表中(1)(2)列为受融资约束较高的组,(3)(4)列则为受融资约束较低的组。可以看到,(1)(2)列 Short-Dummy×Event-Dummy 的回归系数分别在 5% 和 1% 的水平下显著为负,(3)(4)列中回归系数不显著,说明融资融券机制降低管理层盈余操纵的效应在受融资约束较高的公司中更明显。由于受融资约束更大的公司会更依赖于通过减少盈余操纵来降低融资成本进而提高公司的融资效率(张金鑫和王逸,2013),面对能放大负面消息后果的卖空威胁(Miller,1977;Diamond and Verrecchia,1987),这类公司会更加担忧股价下跌所引发的一系列融资困境,因此在加入卖空标的后会更加约束自身行为。

表 6-12　外部融资环境的影响(盈余管理)

变量	受融资约束较高		受融资约束较低	
	DA1	DA2	DA1	DA2
	(1)	(2)	(3)	(4)
Intercept	0.2867**	0.2744***	0.4391***	0.2785*
	(2.52)	(2.59)	(3.08)	(1.90)
Short-Dummy× Event-Dummy	−0.0254**	−0.0324***	−0.0216	−0.0297
	(−2.34)	(−2.70)	(−1.01)	(−1.38)
Event-Dummy	0.0088	0.0101	−0.0056	−0.0078
	(1.04)	(0.98)	(−0.27)	(−0.38)
Short-Dummy	0.0141*	0.0154	0.0109	0.0178
	(1.85)	(1.55)	(0.66)	(1.10)
Size	−0.0060	−0.0031	−0.0193***	−0.0131*
	(−1.62)	(−0.72)	(−2.71)	(−1.79)
Eps	0.0258***	0.0219**	0.0302*	0.0287*
	(2.83)	(2.19)	(1.75)	(1.67)
Roe	−0.0015	−0.0113	−0.0219	−0.0124
	(−0.05)	(−0.40)	(−0.23)	(−0.12)
Gsale	−0.0001***	−0.0001***	0.0015**	0.0018**
	(−4.34)	(−4.94)	(2.52)	(2.53)
Lev	0.0465**	0.0536**	0.0756**	0.0882**
	(2.26)	(2.19)	(2.25)	(2.45)
Tobinq	0.0060***	0.0037**	0.0062***	0.0073***
	(3.96)	(2.25)	(2.97)	(3.33)
Industry fixed effects	Yes	Yes	Yes	Yes
Observation	1908	1908	2633	2633
R-Square	0.1593	0.1047	0.0687	0.0722

注:*、**、*** 分别表示 10%、5%、1% 置信水平下显著。

表 6-13 为现金边际价值方面的分组回归结果。表中(1)(2)列为受融资约束较高的组,(3)(4)列则为受融资约束较低的组。从表

6-13中可以发现,Short-Dummy×Event-Dummy×ΔCash的回归系数在融资约束较低的公司中均在5%的水平下显著为正,而在受融资约束较高的组均不显著。这说明融资融券对现金边际价值的影响在受融资约束较低的公司更为明显。对于受融资约束较高的公司来说,由于可供过度投资等"挥霍"的现金有限,其现金边际价值本身就高于受融资约束较低的公司。(Dittmar and Mahrt-Smith,2007;Faulkender et al.,2006)因此,卖空交易对于公司治理情况的改善对这类公司现金价值的提升效应不明显。

表6-13 外部融资环境的影响(现金边际价值)

变量	受融资约束较高		受融资约束较低	
	AR1 (1)	AR2 (2)	AR1 (3)	AR2 (4)
Intercept	−0.1235*	−0.1392**	0.2125	0.3082
	(−1.66)	(−2.53)	(0.73)	(1.06)
Short-Dummy×Event-Dummy×ΔCash	−0.0151	0.0267	0.4430**	0.4301**
	(−0.05)	(0.10)	(2.19)	(2.40)
Event-Dummy×ΔCash	−0.1134	−0.0474	−0.0009	−0.0837
	(−1.30)	(−0.55)	(−0.01)	(−0.81)
Short-Dummy×ΔCash	0.4684**	0.5401**	0.0875	0.1053
	(2.24)	(2.55)	(0.60)	(0.76)
Event-Dummy	−0.0527	−0.0566	−0.0609	−0.0240
	(−1.27)	(−1.30)	(−1.61)	(−0.83)
Short-Dummy	0.1380***	0.1387***	0.0467	0.0305
	(3.77)	(4.15)	(1.57)	(1.13)
Event-Dummy×Short-Dummy	−0.1676***	−0.1180**	0.0109	0.0011
	(−3.48)	(−2.38)	(0.24)	(0.03)

（续表）

变量	受融资约束较高		受融资约束较低	
	AR1	AR2	AR1	AR2
	(1)	(2)	(3)	(4)
ΔCash	0.1619	0.0058	0.2191	0.1150
	(0.45)	(0.02)	(0.71)	(0.40)
ΔNetAssets	0.0114	0.0219	0.0101	0.0139
	(0.40)	(0.72)	(0.45)	(0.71)
ΔNetFinancing	−0.0025	−0.0261	−0.0341	−0.0233
	(−0.05)	(−0.68)	(−0.84)	(−0.65)
ΔInterest	1.3977	1.8632**	0.1262	−0.2777
	(1.51)	(2.02)	(0.14)	(−0.34)
ΔEarnings	1.2581***	1.3028***	0.8845***	0.9282***
	(5.87)	(6.21)	(4.55)	(5.00)
Lev	0.0517	0.0332	−0.0215	−0.0114
	(0.69)	(0.46)	(−0.33)	(−0.18)
Lev×ΔCash	−0.2676	−0.3095	0.2712	0.1419
	(−0.38)	(−0.45)	(0.68)	(0.41)
ΔCash×Cash	−0.1670	−0.0039	−0.1711	−0.1947
	(−0.60)	(−0.01)	(−0.93)	(−1.08)
Cash	0.0842	0.0706	0.0731**	0.0429
	(1.52)	(1.22)	(1.96)	(1.29)
Industry fixed effects	Yes	Yes	Yes	Yes
Observation	1340	1340	1858	1858
R-Square	0.1572	0.1686	0.1126	0.0858

注：*、**、*** 分别表示 10%、5%、1% 置信水平下显著。

6.4.3 产品市场竞争程度

已有的研究表明，产品市场竞争可以降低信息不对称程度，激励经理人提高经营效率,使股东有效监督经理人的行为。(Fama,1980;Hart,1983;Schmidt,1997)Holmstrom(1982)研究发现,同行业中竞争公司越多,信息不对称的程度越低。因为同行业业绩的可比性使得业绩评价变得更容易,从而可以改善个人努力与经理人报酬的关系。Schmidt(1997)发现,产品市场竞争带来的破产风险会使经理人有动机提高经营效率,避免因业绩不佳而受到处罚(如薪酬损失或解聘)。而近年的一些研究如Giroud和Mueller(2010)则发现竞争不激烈行业中的公司比竞争激烈行业中的公司更能从好的公司治理中获益。因此,融资融券的外部治理效应可能在产品市场竞争不激烈的行业中更显著。

我们采用赫芬达尔-赫希曼指数(Herfindahl-Hirschman Index,HHI)来衡量行业竞争度。赫芬达尔—赫希曼指数是某一市场上50家最大公司(如果少于50家公司就是所有公司)每家公司市场占有份额的平方之和。显然,HHI越大,表示市场垄断程度越高,产品市场竞争就越不激烈。具体计算方法如下:

$$\mathrm{HHI} = \sum_{i=1}^{n} \left(\frac{X_i}{X}\right)^2 \qquad (6\text{-}10)$$

其中,X_i/X表示第i个公司的市场占有率,X_i表示公司i的销售额,X表示整个行业的销售额。本部分根据申银万国的行业分类,分别计算出各行业HHI指数后,取样本区间的均值,随后以所有行业的中位值为临界点,小于中位值的行业归为产品市场竞争度高的组,否则归为产品市场竞争度低的组。然后将所有样本公司按所在行业归类到这两组中,分别进行回归分析,考察融资融券交易对公司治理的影响效应在不同产品市场竞争程度的行业中的差异。

表6-14是盈余管理方面的回归结果。Short-Dummy × Event-

Dummy 在行业竞争度较低的公司中均在 5% 的水平下显著，系数为负，而在行业竞争度较高的公司中则不显著，说明总样本中融资融券交易机制对于盈余管理的抑制作用在行业竞争度较低的公司更为明显。

表 6-14 行业竞争程度的影响（盈余管理）

变量	行业竞争度较高		行业竞争度较低	
	DA1	DA2	DA1	DA2
	(1)	(2)	(3)	(4)
Intercept	0.4996***	0.3653*	0.2939***	0.1906***
	(2.71)	(1.83)	(3.63)	(2.60)
Short-Dummy×Event-Dummy	−0.0161	−0.0280	−0.0386**	−0.0366**
	(−0.79)	(−1.34)	(−2.41)	(−2.04)
Event-Dummy	−0.0097	−0.0117	0.0212*	0.0146
	(−0.48)	(−0.57)	(1.68)	(1.02)
Short-Dummy	0.0311**	0.0269	−0.0014	0.0115
	(2.02)	(1.52)	(−0.15)	(1.30)
Size	−0.0211**	−0.0145	−0.0100***	−0.0059*
	(−2.20)	(−1.42)	(−2.82)	(−1.84)
Eps	0.0585	0.0612*	0.0157**	0.0143**
	(1.62)	(1.69)	(2.25)	(2.07)
Roe	−0.0510	−0.0712	0.0003	0.0051
	(−0.82)	(−1.11)	(0.01)	(0.12)
Gsale	0.0001	0.0001	−0.0002	0.0004
	(0.62)	(0.55)	(−0.47)	(0.46)
Lev	0.1013**	0.1302**	0.0468***	0.0453***
	(2.08)	(2.50)	(2.63)	(2.60)
Tobinq	0.0151***	0.0144***	0.0020	0.0021*
	(5.28)	(4.81)	(1.63)	(1.69)
Industry fixed effects	Yes	Yes	Yes	Yes
Observation	2276	2276	2265	2265
R-Square	0.0630	0.0701	0.1815	0.0808

注：*、**、*** 分别表示 10%、5%、1% 置信水平下显著。

表 6-15 是现金边际价值方面的回归结果。对于行业竞争度较高的组,尽管 Short-Dummy×Event-Dummy×ΔCash 系数依旧为正,但均不显著,而行业竞争度较低的组,Short-Dummy×Event-Dummy×ΔCash 系数分别在 1% 和 5% 的水平下显著。这说明融资融券交易机制对现金边际价值的影响在竞争度较低的行业中更明显。换句话说,如果将行业竞争度看做一种外部治理机制,融资融券交易与之存在一定的替代作用。

表 6-15 行业竞争程度的影响(现金边际价值)

变量	行业竞争度较高		行业竞争度较低	
	AR1	AR2	AR1	AR2
	(1)	(2)	(3)	(4)
Intercept	−0.1096	−0.1832*	−0.1528	−0.6637**
	(−1.02)	(−1.96)	(−0.54)	(−2.34)
Short-Dummy×Event-Dummy×ΔCash	0.0558	0.2613	0.8317***	0.4326**
	(0.30)	(1.52)	(3.38)	(2.13)
Event-Dummy×ΔCash	0.0927	−0.0271	−0.2165***	−0.0982
	(1.10)	(−0.38)	(−2.65)	(−1.16)
Short-Dummy×ΔCash	0.0303	−0.0192	0.4393***	0.4734***
	(0.20)	(−0.13)	(2.61)	(3.11)
Event-Dummy	−0.0581	−0.0201	−0.0686*	−0.0487
	(−1.40)	(−0.59)	(−1.81)	(−1.63)
Short-Dummy	0.0475	0.0633**	0.1248***	0.1078***
	(1.48)	(2.26)	(4.16)	(3.76)
Event-Dummy×Short-Dummy	−0.0396	−0.0534	−0.0937**	−0.0814**
	(−0.83)	(−1.31)	(−2.07)	(−2.17)
ΔCash	−0.0753	−0.0259	0.2474	0.1203
	(−0.24)	(−0.09)	(0.69)	(0.36)

(续表)

变量	行业竞争度较高		行业竞争度较低	
	AR1	AR2	AR1	AR2
	(1)	(2)	(3)	(4)
ΔNetAssets	−0.0318	−0.0141	0.0454*	0.0291
	(−1.43)	(−0.70)	(1.70)	(1.09)
ΔNetFinancing	0.0257	0.0189	−0.0507	−0.0480
	(0.66)	(0.55)	(−1.14)	(−1.27)
ΔInterest	0.2896	0.4200	0.6370	0.2976
	(0.36)	(0.58)	(0.60)	(0.28)
ΔEarnings	0.9031***	1.0211***	1.1561***	1.1098***
	(4.93)	(6.27)	(5.76)	(5.74)
Lev	0.0599	0.0545	−0.0248	−0.0093
	(1.03)	(1.01)	(−0.35)	(−0.13)
Lev×ΔCash	0.4382	0.3655	0.0098	−0.1549
	(1.06)	(1.08)	(0.02)	(−0.29)
ΔCash×Cash	0.0433	−0.1197	−0.3330*	−0.2240
	(0.21)	(−0.58)	(−1.67)	(−1.16)
Cash	0.0968**	0.0621	0.0414	0.0403
	(2.07)	(1.40)	(1.22)	(1.23)
Industry fixed effects	Yes	Yes	Yes	Yes
Observation	1604	1604	1594	1594
R-Square	0.1108	0.1150	0.1375	0.1158

注：*、**、***分别表示10%、5%、1%置信水平下显著。

6.5 小　　结

本章以我国A股市场自2010年3月31日推出的融资融券交易

为背景,使用混合回归和双重差分的方法(PSM-DID)研究融资融券的外部治理效应。考虑到融资融券对管理层的约束可能是多方面的,本章主要从现金持有价值和盈余管理两个角度进行探讨。研究发现:首先,在成为融资融券标的股后,公司管理层对超额现金的"挥霍"减少,公司现金边际价值和超额现金持有价值提高;公司管理层减少了盈余操纵行为,公司盈余管理有所改善。其次,相比于存在卖空限制的公司,在允许卖空股票的情况下,公司现金边际价值和超额现金持有价值更高,管理层盈余操纵行为有显著改善。最后,融资融券交易对现金边际价值和盈余管理的影响在机构投资者持股更高的公司更为明显。此外,融资融券的外部治理效应对处于竞争不激烈行业的公司更明显,而对受融资约束程度不同的公司来说,在融资更受限的公司会有更明显的降低盈余操纵的效果,在融资约束较低的公司成为标的股后,现金边际价值的提高效应更显著。

本章的研究结果说明,我国证券监管层引入的融资融券交易机制不仅对证券市场产生了深刻的影响,而且在微观层面上也对管理层的行为产生了监督效应,有效地改善了我国公司治理情况。这可为卖空机制有利于监督约束上市公司管理层不良操纵行为这一研究观点提供来自我国市场的证据。此外,从上市公司外部治理的角度挖掘融资融券交易机制潜在的积极意义,为我国下一步融资融券业务的推进提供了有益的理论支持。

7. 信息治理效应

相关研究表明,融资融券促进了我国资本市场效率的提高,有利于矫正高估的股价(李科等,2014)、提高股价的信息含量(Chang et al.,2014)、减缓股价的波动(肖浩和孔爱国,2014;陈海强和范云菲,2015)。同时,褚剑和方军雄(2016)发现,融资融券制度的实施加剧了股价的崩盘风险。虽然上述研究的结论存在差异,但研究的动机和逻辑大致相同,即融资融券交易影响的仅仅是已有的市场信息融入股价的方式,而不是市场信息的来源和信息本身的质量。融资融券交易会加快和放大股价对市场信息的吸收,可能提高市场效率,也可能导致过度反应。

融资融券在影响市场信息有效融入股价的同时,也会对公司管理层和分析师的行为产生影响,进而影响市场信息的来源和信息本身的质量。一方面,与其他投资者相比,杠杆交易者和卖空者更有动力跟踪和监督管理层的行为(Karpoff and Lou,2010;Hirshleifer et al.,2011),并通过交易①来影响管理层的决策,从而对公司形成有效

---

① 融资做多治理好的公司,融券做空治理差的公司。

的外部监管。(Massa et al.,2015;Li and Zhang,2015;陈晖丽和刘峰,2014;靳庆鲁等,2015)另一方面,有研究表明,与杠杆交易者和卖空者一样,分析师在金融市场上也起了积极的信息传递作用,并与杠杆交易者和卖空者相互影响。(Ke et al.,2016)由于融资融券交易会对股价信息效率和公司透明度产生显著影响,加之分析师往往倾向于跟踪信息透明度更高的公司(姜超,2013),因此融资融券交易也会影响分析师的行为。

资本市场实际上是信息的市场,信息引导着市场中各类资产价格的形成和变化,进而衍生出定价效率、流动性和波动性等一系列问题。通过分析资本市场中信息的传递过程,可以发现一条清晰的路径:首先,公司管理层作为信息的最初提供者通过各类预告和公告向市场发布公司经营的原始信息;其次,以分析师为代表的信息使用者凭借自身的专业能力对原始信息进行分析和加工,并作为信息的传递者以研究报告等形式向投资者传递加工后的信息;最后,投资者根据所获取的信息来进行决策。可见,管理层的信息披露以及分析师的信息搜寻、盈利预测对市场信息效率的提升具有重要作用。

区别于已有文献,我们基于2009—2014年我国上市公司业绩预告和分析师盈利预测数据,从管理层信息披露和分析师盈利预测的角度分析融资融券交易对公司信息环境的影响。通过比较融资融券标的股票和非标的股票,以及股票加入融资融券标的前后管理层业绩预告和分析师盈利预测的相关指标,我们发现融资融券交易显著改善了公司的信息环境,同时具有内部信息治理和外部信息治理的作用。融资融券的内部信息治理效应表现为:交易试点推出后,上市公司业绩预告的积极性和对坏消息的公开程度显著提高,业绩预告更为及时,预告偏差显著降低。融资融券的外部信息治理效应主要体现为交易试点的推出有效降低了分析师关于目标公司盈利预测的偏差和分歧。

7.1 理论分析与研究假设

作为提高市场有效性和完备性的基础性交易制度,杠杆和卖空交易一方面对市场流动性和信息效率有着重要的影响(Woolridge and Dickison,1994;Bris et al.,2007;Saffi and Sigurdsson,2011;Boehmer and Wu,2013;Chang et al.,2014;周春生和杨云红,2002;陈国进和张贻军,2009;李科等,2014;李志生等,2015),另一方面也会影响资本市场中相关参与者的行为(Gregoriou,2011;Massa et al.,2015;陈晖丽和刘峰,2014;靳庆鲁等,2015)。笔者从管理层和分析师的角度研究融资融券交易的信息治理效应,主要涉及上市公司管理层信息披露和分析师盈利预测两个方面的文献。

7.1.1 管理层信息披露

上市公司管理层作为公司股东的代理人,其核心职责之一就是维持公司股价持续稳健上涨,从而提高公司股东的收益。同时,随着股权激励政策的日益普及,公司管理层大多也直接或者间接持有公司股份,公司股价的持续稳健上涨也将为其带来收益。因此,股价和市值是上市公司管理层在进行各类决策时的重要考量因素。在进行

市值管理时,管理层有动机去降低市场对公司估值的偏误,实现公司市值的持续增长。(Beyer et al.,2010)

上市公司定期发布的业绩预告和公告是管理层用来传递信息、影响公司市值的主要方式。Beyer 等(2010)研究发现,管理层所有的自愿信息披露提供了 66% 的会计信息,其中管理层业绩预告提供了 55% 的会计信息。可见,了解管理层业绩预告和自愿信息披露的质量及其影响因素,对投资者的交易决策有着重要的意义。(Healy and Palepu,2001;冯旭南,2014)

很多研究对管理层业绩预告的内容和行为倾向进行了分析。Hirst 等(2008)认为,相对于是否披露业绩预告,管理层在预告的内容和细节上有更多的自由决定权。Cheng 等(2013)的研究表明,管理层战略性选择预告的内容和准确性,以谋求内部交易利益的最大化。Skinner(1994)和 Choi 等(2010)发现,发布业绩预告时管理层对利空信息的描述更为模糊。此外,法制环境(Baginski et al.,2002)、法律责任(Bamber and Cheon,1998)、分析师跟踪和企业规模(Baginski et al.,2002)、公司治理和投资者结构(Ajinkya et al.,2005;Karamanou and Vafeas,2005)等都会对管理层业绩预告的内容和准确性产生影响。

在回顾有关管理层信息披露的文献时,Healy 和 Palepu(2001)、Beyer 等(2010)、Li 和 Zhang(2015)等认为,此类研究中最大的困难之一便是分析其中的因果关系和内生性问题,并建议通过构造一个外生的冲击变量来识别管理层信息披露和相关环境变量之间的因果关系。为此,笔者对已有研究进行拓展,以我国融资融券交易机制的推出为外生冲击变量,研究其对管理层业绩预告的影响,以揭示融资

7. 信息治理效应

融券交易与经理人信息披露的关系。

融资融券一方面通过信用交易的形式,允许投资者运用杠杆做多公司,另一方面也为投资者提供了卖空交易的途径,通过融券做空公司。不管是融资还是融券,都可以坚定投资者的判断和交易立场。与此同时,信息披露也是公司管理层直接影响股价和市场认知的重要手段。因此,在公司发布业绩预告时,不管是乐观偏差还是悲观偏差,都可能被投资者所捕捉,并通过融资融券交易加以放大,导致股价暴涨暴跌,从而不利于管理层进行市值管理。因此,上市公司管理层出于稳定公司市值的考虑,会约束自身行为,尽可能客观准确地进行信息披露,防止投资者通过融资融券交易集中做多或者做空公司。[①]

股价不稳定或持续下跌的公司更加容易成为外部企业的收购目标。当公司股价由于融资融券交易出现暴涨暴跌,尤其是在公司被投资者集中做空导致股价持续下跌的情况下,公司可能面临被外部企业收购的风险,一旦收购完成,公司原有管理层也将面临被替换的威胁。因此,上市公司管理层出于维持自身职业发展的考虑,会约束自身行为,减少失真信息的披露。

大量的学术研究成果也支持上述结论,如 Karpoff 等(2010)的研究发现,卖空者能够发现公司管理层的不当财务行为,在管理层披露有误的财务信息时,他们能够通过卖空交易使公司股价更加接近其真实价值,这一行为会对公司的信息披露形成有效的外部监管,从而

---

① 关于杠杆交易对管理层信息披露的影响的研究并不多见,但是很多关于卖空交易的文献表明,卖空交易促进了坏消息在股价中的反映,而卖空限制阻碍了坏消息在股价中的反映。(Miller, 1977; Hong and Stein, 2003; Grullon et al., 2012; Angelis et al., 2013; 李科等, 2014)

提高管理层信息披露的真实性;Massa 等(2013,2015)指出,卖空交易能够对管理层形成有效威慑,从而约束其行为,改善公司内部治理,降低盈余管理程度。本书第 6 章的研究也表明,公司成为融资融券标的股后,管理层对超额现金的"挥霍"行为减少,企业现金边际价值和超额现金持有价值提高;企业管理层减少了盈余操纵行为,企业盈余管理程度有所降低。

基于以上分析,我们选择上市公司业绩预告作为管理层信息披露活动的代表,分别从业绩预告误差、预告期长度、预告积极性以及预告中对于坏消息的公开程度来衡量管理层信息披露质量,并提出以下假设:

假设 1:融资融券交易能够提高上市公司管理层的信息披露质量,具体表现为:预告的积极性、对坏消息的公开程度以及预告的及时性提高,预告的偏差下降。

假设 1a:与非标的公司相比,融资融券标的公司管理层信息披露质量更高;

假设 1b:与加入标的前相比,加入融资融券标的后公司管理层信息披露质量显著提高。

7.1.2 分析师盈余预测

Beyer 等(2010)发现,作为重要的市场信息中介,财务分析师关于上市公司的盈余预测提供了 22% 的会计信息。一般来说,分析师进行盈利预测的信息来源包括公共信息(Barron *et al*.,1999)和私有信息(Chen and Jiang,2006)。但是,与上市公司管理层不同,分析师的特别之处在于其不承担信托责任,这使得分析师没有义务完整、真

7. 信息治理效应

实地披露所掌握的信息,从而可能导致预测偏差。

分析师盈利预测偏差的存在有着客观的原因。一方面,分析师可能缺少足够的信息来作出准确的预测。(Easterwood and Nutt, 1999;郭杰和洪洁瑛,2009)另一方面,分析师在认知和行为上可能存在偏差。比如,Easterwood 和 Nutt(1999)发现分析师对坏消息和好消息表现为过度反应或者反应不足;Hilary 和 Menzly(2006)、Louis 等(2014)发现,分析师在对预测进行调整时表现为过度自信,具有保守主义倾向。

一些研究表明,主观动机也可能导致分析师的预测存在偏差。Irvine(2004)发现,分析师的预测偏离市场共识越多,该预测对股票价格和交易量的影响就会越大,出于交易佣金的考虑,分析师会有意识地偏离市场共识。Cowen 等(2006)则指出,分析师会通过乐观预测来促进交易,获取更多的佣金;Chen 和 Matsumoto(2006)、Scherbina(2008)、Mayew(2008)的研究表明,分析师可能隐瞒所掌握的利空信息,用以维持与企业管理层的关系。基于上述原因,分析师对于上市公司盈利的预测经常是偏向于乐观的。(De Bondt and Thaler, 1990;Abarbanell,1991;Ali et al.,1992;Michaely and Womack,1999; Hong and Kubik,2003;Drake et al.,2011)

参与杠杆和卖空交易的投资者通常被认为是分析师的间接竞争者。与分析师不同的是,杠杆和卖空交易者需要承担交易所带来的风险和损失,因此,他们会对公司进行更加深入的分析。(Drake et al.,2011)Christophe 等(2010)的研究表明,卖空者往往提前知道分析师要作出下调评级的决定,并于下调信息发布之前进行卖空操作,借此获取收益。Boehmer 等(2012)发现,相较于分析师,卖空者对企业的基本面更为了解,在分析师下调评级和下调收益预测之前一周内,卖空者进行了大量交易。Massa 等(2015)的研究也指出,卖空者是重要的知情交易者之一,他们的行为会加速内部人交易,进而提高市场效率。

分析师的市场声誉直接决定了其市场影响力,进而影响其经济利益。在进行盈利预测时,提供有偏的预测可能会在短期内给分析师带来来自承销商或交易者的实质性报酬(Fang and Yasuda,2009),但也会使分析师失去投资者的信任,对其长期职业发展不利。如果分析师跟踪的股票同时被杠杆交易和卖空交易投资者关注,当分析师发布的有偏预测与投资者的判断产生冲突时,投资者会进行反向操作,从而使股价走向背离分析师的预测。长此以往,分析师的声誉将受损。因此,出于维护自身声誉及市场影响力的考虑,分析师会更加客观地披露信息,减少预测偏差。

相关学术研究也指出了卖空交易对分析师盈利预测行为的影响。如果卖空约束减弱、卖空成本降低,卖空者便可以更轻易地基于利空消息进行交易,这会增加分析师从股价中获取利空信息的可能性,从而使得分析师下调对收益的预测。因此,卖空交易的存在可能降低分析师盈利预测的乐观偏差,在一定程度上缓解分析师有偏预测对市场信息效率的影响。(Ke *et al*.,2015)

假设2:融资融券交易有助于提高分析师的盈利预测准确性,具体表现为:预测准确性提高、预测分歧减少。

假设2a:与非标的公司相比,分析师对融资融券标的公司的盈利预测具有更高的准确性和更少的分歧。

假设2b:与加入标的前相比,公司加入融资融券标的后分析师的盈利预测准确性显著提高、预测分歧显著减少。

7.2 变量定义

7.2.1 信息披露质量

上市公司管理层的信息披露活动主要包括业绩预告和盈余公告。业绩预告是管理层在定期报告发布前对公司经营状况,尤其是盈余状况进行的提前披露,是公司信息披露的重要组成部分。[①] 与盈余公告相比,管理层在业绩预告活动中有更大的自主决定权,管理层披露业绩预告的主动性也是衡量管理层信息披露质量的重要指标。我们用来衡量管理层信息披露质量的变量包括:预告偏差、预告期长度、自愿披露的积极性、对坏消息的公开程度。

(1) 预告偏差

在衡量上市公司业绩预告的准确性时,学者们提出了业绩预告偏差的概念。计算业绩预告偏差,现有文献主要采用两种方法:一是利用预告净利润上下限的均值与公告实际净利润的差值(高敬忠等,2011;Ng et al.,2013);二是利用预告净利润区间的宽度(Li and Zhang,2015)。以上两种方法从不同角度对业绩预告偏差进行度量,但同时这两种方法也存在各自的缺陷。第一种方法用预告净利润上下限的均值作为预告值,并不能有效区分均值相同、区间宽度不同的

---

① Beyer 等(2010)发现,管理层业绩预告提供了 55% 的会计信息。

预告之间的差异。第二种方法虽然考虑了预告区间宽度的差异,但是预告区间宽度越小代表预告偏差越小这一论断会在预告区间不包含实际净利润时受到挑战。为此,我们分别采用两种方法计算管理层业绩预告偏差(M_Error),具体模型如下:

$$M\_Error1_{i,s,t} = \frac{||ANetprofit_{i,s-1,t}| \times FGrowth_{i,s,t} + ANetprofit_{i,s-1,t} - ANetprofit_{i,s,t}|}{|ANetprofit_{i,s,t}|}$$

(7-1)

$$M\_Error2_{i,s,t} = \frac{|(Fcap_{i,s,t} + Ffloor_{i,s,t})/2 - ANetprofit_{i,s,t}|}{|ANetprofit_{i,s,t}|}$$

(7-2)

其中,$FGrowth_{i,s,t}$ 为公司 i 第 s 年 t 季度预告净利润的同比增长幅度,$ANetprofit_{i,s-1,t}$ 和 $ANetprofit_{i,s,t}$ 分别为公司 i 第 $s-1$ 年 t 季度和第 s 年 t 季度的实际净利润,$Fcap_{i,s,t}$ 和 $Ffloor_{i,s,t}$ 分别表示公司 i 第 s 年 t 季度业绩预告净利润的上限值和下限值。

(2) 预告期长度

一般来说,上市公司业绩预告信息披露越及时,对于投资者就越有效,预告信息质量也就越高。我们参考 O'Brien(1990)和 Goodman、Monica、Nemit、Hal(2013)等的研究方法,采用预告期长度来衡量管理层业绩预告的及时性,将业绩预告期定义为管理层业绩预告发布日与当期定期盈余公告实际发布日之间的时间间隔。业绩预告期越长,即业绩预告越早于定期报告的披露,说明业绩预告越及时。业绩预告期长度(Horizon)具体计算方法如下:

$$Horizon_{i,s,t} = Ln(Annc\_Date_{i,s,t} - Pre\text{-}annc\_Date_{i,s,t} + 1) \quad (7\text{-}3)$$

其中,$Annc\_Date_{i,s,t}$ 和 $Pre\text{-}annc\_Date_{i,s,t}$ 分别为公司 i 第 s 年 t 季

度定期报告和业绩预告的发布时间。

（3）自愿披露的积极性

公司主动的信息披露活动能够提高市场信息含量和质量。根据中国证监会2007年1月30日颁布的《上市公司信息披露管理办法》，当预计经营业绩发生亏损或者发生大幅变动时，上市公司必须进行业绩预告。对于未达到强制披露标准的，上市公司可以自行选择是否进行业绩预告。参考宋云玲等（2011）对强制披露和自愿披露的区分方法，当公司披露的业绩预告类型为预增、预减、首亏、续亏、扭亏时视为强制披露，当披露的业绩预告类型为略增、略减、续盈、不确定时视为自愿披露。我们以未达到强制披露标准的公司是否选择披露业绩预告来衡量管理层自愿披露业绩预告的积极性，定义虚拟变量Voluntary，对于未达到强制披露标准的上市公司，若公司自愿披露业绩预告，Voluntary取值为1，否则取值为0。

（4）对坏消息的公开程度

从市值管理的角度来看，为了防止公司股价下跌，上市公司管理层存在隐瞒坏消息的动机。因此，在公司管理层可以选择是否披露业绩预告时，我们更加关心他们对于坏消息的披露情况。自愿披露坏消息概率的提高即是对坏消息公开程度的提高，意味着信息披露质量的提高。因此，我们定义虚拟变量BadNews，在公司管理层可以自愿选择是否披露业绩预告时，若披露坏消息，BadNews取值为1，否则取值为0。

综上分析，在我们选取的衡量变量中，预告偏差越小，预告期长度越长，自愿披露积极性越大，以及对坏消息公开程度越高，则管理层信息披露质量越好；反之，则表示管理层信息披露质量越差。

7.2.2 盈余预测质量

分析师作为专业投资者的代表,在市场中扮演着信息使用者和提供者的双重角色。(Schipper,1991)基于对其所处行业的深刻理解,分析师搜集行业内上市公司的相关信息,通过自主分析,对公司未来的前景作出判断,为市场参与者提供决策参考。分析师盈利预测质量的高低主要取决于两个方面:一是分析师盈利预测的准确性,只有准确的盈利预测才能为投资者提供有效的决策参考;二是分析师盈利预测的分歧,在公司实际盈利情况未知的情况下,分析师预测分歧集中反映了市场对于公司未来看法的差异程度。我们根据分析师对公司年度盈利的预测分别计算预测偏差(A_Error)和分歧(Dispersion),具体方法如下:

$$A\_Error1_{i,s} = \left| \frac{1}{N_{i,s}} \sum_{j=1}^{N_{i,s}} FEPS_{i,s,j} - AEPS_{i,s} \right| / Close\_Price_{i,s}$$

(7-4)

$$A\_Error2_{i,s} = \frac{1}{N_{i,s}} \sum_{j=1}^{N_{i,s}} \left| FEPS_{i,s,j} - AEPS_{i,s} \right| / Close\_Price_{i,s}$$

(7-5)

$$Dispersion_{i,s} = \sqrt{\frac{1}{N_{i,s}} \sum_{j=1}^{N_{i,s}} (FEPS_{i,s,j} - \overline{FEPS_{i,s,j}})^2} / Close\_Price_{i,s}$$

(7-6)

其中,$A\_Error1_{i,s}$ 和 $A\_Error2_{i,s}$ 分别为基于不同计算方法得到的分析师对公司 i 第 s 年度的盈利预测偏差指标,$Dispersion_{i,s}$ 为分析师

对公司 i 第 s 年度的盈利预测分歧指标，$\text{FEPS}_{i,s,j}$ 为分析师 j 对公司 i 第 s 年度 EPS 的预测值，$\text{AEPS}_{i,s}$ 为公司 i 第 s 年度 EPS 的实际值，$N_{i,s}$ 为 s 年度对公司 i 进行盈利预测的分析师人数，$\text{Close\_Price}_{i,s}$ 为公司 i 第 s 年度最后一个交易日的收盘价。

7.3 计量模型

与第 6 章相似，我们分三个层次进行实证研究。首先，对融资融券试点推出后融资融券标的公司与非融资融券标的公司管理层信息披露质量和分析师盈利预测特征方面的差异进行比较，具体模型如下：

$$\text{DV}_{i,s,t} = \alpha + \beta \times \text{Short-Dummy}_{i,s,t} + \sum \delta' \times \text{Controls} + \varepsilon_{i,s,t}$$

(7-7)

其中，$\text{DV}_{i,s,t}$ 表示公司 i 第 s 年 t 季度衡量管理层信息披露质量和分析师盈利预测特征的指标；$\text{Short-Dummy}_{i,s,t}$ 为虚拟变量，当公司 i 第 s 年 t 季度为融资融券标的时，取值为 1，否则取值为 0；Controls、δ' 分别表示相应公司的控制变量及其系数矩阵；$\varepsilon_{i,s,t}$ 为残差项。

在实证分析中，由于解释变量 Voluntary(自愿披露业绩预告的积极性)和 BadNews(对坏消息的公开程度)为虚拟变量，为了提高模型的可靠性，我们采用 Logit 模型进行估计。

此外，为避免由于样本自身的差异，即融资融券标的与非标的公司在管理层信息披露质量和分析师盈利预测特征方面的差异在融资融券试点推出前便显著存在,可能存在内生性问题,我们同样对特定股票加入融资融券标的前后的管理层信息披露质量和分析师盈利预测特征进行比较,模型如下:

$$DV_{i,s,t} = \alpha + \beta \times \text{Event-Dummy}_{i,s,t} + \sum \delta' \times \text{Controls} + \varepsilon_{i,s,t}$$

(7-8)

其中,解释变量 Event-Dummy$_{i,s,t}$ 为虚拟变量,以公司 i 加入融资融券标的日期所在季度为分界点($t=0$),加入标的前四个季度 Event-Dummy$_{i,s,t}$ 取值为 0,加入后四个季度取值为 1;其他变量定义与模型(7-7)相同。

为了进一步控制内生性,我们利用不同批次加入融资融券标的的公司建立双重差分模型,具体模型如下:

$$\begin{aligned} DV_{i,s,t} = & \alpha + \beta_1 \times \text{Event-Dummy}_{i,s,t} \times \text{Short-Dummy}_{i,s,t} \\ & + \beta_2 \times \text{Event-Dummy}_{i,s,t} + \beta_3 \times \text{Short-Dummy}_{i,s,t} \\ & + \sum \delta' \times \text{Controls} + \varepsilon_{i,s,t} \end{aligned}$$

(7-9)

其中,相关变量的定义与模型(7-7)相同。

此外,交易所选取融资融券标的时,通常以公司股票的流动性、换手率和波动性等指标为参考依据。为了保证实验组和对照组的可比性,并确保事件发生时对照组不受融资融券交易的影响,我们同样以较早加入融资融券标的的公司作为实验组,将较晚加入融资融券标的的公司作为对照组,选取三对实验组和对照组,具体设定如表7-1所示。

7. 信息治理效应

表 7-1　DID 模型设定

Panel A：实验组与对照组选取	
实验组（Short-Dummy＝1）	对照组（Short-Dummy＝0）
第一次（2010/3/31）加入的标的股	第三次（2013/1/31）加入的标的股
第二次（2011/12/5）加入的标的股	第四次（2013/9/16）加入的标的股
第三次（2013/1/31）加入的标的股	第五次（2014/9/22）加入的标的股

Panel B：虚拟变量取值规则		
Treated＝Short-Dummy×Event-Dummy	Short-Dummy＝0（对照组）	Short-Dummy＝1（实验组）
Event-Dummy＝0（实验组加入标的前四个季度）	0	0
Event-Dummy＝1（实验组加入标的后四个季度）	0	1

基于表 7-1 的方法选择双重差分的对照组可能无法完全消除实验组和对照组样本在时间、公司及股票特征上的差异，为此我们进一步采用倾向得分匹配法，对表 7-1 中的实验组和对照组按照公司规模、市账比率、资产收益率等控制变量进行匹配，同时对行业效应进行控制。

在分析融资融券交易对上市公司管理层信息披露和分析师盈利预测的影响时，我们对公司相应的财务指标和公司的市场表现指标等进行控制，主要控制变量的定义如表 7-2 所示。

表 7-2　主要控制变量的定义

变量	定义
Size	公司规模，公司期末总资产的自然对数
BM	期末账面市值比的自然对数
ROE	期末加权净资产收益率
Institution	期末机构持股比例

(续表)

变量	定义
Growth	净利润相对于去年同期的同比增长率
Separation	公司两权分离度
Return	公司在二级市场的季度收益率
Analyst	分析师关注度,分析师跟踪人数加 1 的自然对数
Age	公司上市年限,公司实际上市年数加 1 的自然对数

此外,由于业绩预告期长度会影响业绩预告偏差,[①]因此,在分析融资融券交易对公司业绩预告偏差的影响时,我们也对业绩预告期长度 Horizon 加以控制。

7.4 管理层信息披露质量

7.4.1 描述性统计

首先,我们对管理层业绩预告质量的相关指标进行描述性统计分析,结果如表 7-3 所示。统计结果表明,我国只有约 20% 的上市公司会自愿披露业绩预告,其中主动披露坏消息的仅 5% 左右。从整体上看,上市公司管理层业绩预告的准确性偏低,不同公司之间差异较大,比较而言,融资融券标的公司的业绩预告偏差(27.9%)要低于非标的公司(31.6%)。与加入融资融券标的前相比,公司加入融资融券标的后业绩预告质量也有所改善。

---

① 一般而言,业绩预告期越短,即业绩预告日与盈余公告日越接近,管理层所掌握的信息越充分,业绩预告准确性越高。

表 7-3　业绩预告质量描述性统计

变量	样本量	均值	标准差	样本量	均值	标准差	
Panel A		非标的			标的		差值
Voluntary	31420	0.2087	0.4064	6386	0.1699	0.3756	−0.0388***
BadNews	26391	0.0579	0.2335	5549	0.0447	0.2066	−0.0132***
Horizon	17962	4.0427	0.8768	3357	4.0365	0.8243	−0.0062
M_Error1	16705	0.3158	0.5654	3144	0.2794	0.5099	−0.0364***
M_Error2	11246	0.2087	0.3724	2357	0.1936	0.3498	−0.0151*
Panel B		入选前			入选后		
Voluntary	1929	0.1882	0.3910	2195	0.1895	0.3920	0.0013
BadNews	1628	0.0381	0.1915	1860	0.0435	0.2041	0.0054
Horizon	1145	4.0063	0.8592	1157	4.0339	0.8363	0.0276
M_Error1	1066	0.2638	0.5087	1088	0.2346	0.4480	−0.0292
M_Error2	524	0.1640	0.2980	771	0.1644	0.2869	0.0004

7.4.2　回归分析

为了控制其他因素对管理层业绩预告质量的影响,我们对融资融券交易与管理层业绩预告质量之间的关系进行多元回归分析。表 7-4 中的"Panel A"的结果显示:虚拟变量 Short-Dummy 对 Voluntary 和 BadNews 的回归系数分别为 0.1140 和 0.3702,分别在 10% 和 1% 的水平下显著;对 Horizon 的回归系数为 0.0963,在 1% 的水平下显著;对两个业绩预告偏差变量 M_Error 的回归系数分别为 −0.0833 和 −0.0184,并分别在 1% 和 10% 的水平下显著。

可见,与非融资融券标的公司相比,标的公司管理层信息披露质量要显著高于非标的公司,具体表现为:自愿披露业绩预告的概率更大,对坏消息的公开程度更高,预告更为及时,业绩预告偏差更小。

表 7-4　业绩预告质量回归结果

变量	Voluntary	BadNews	Horizon	M_Error1	M_Error2
Panel A：标的 vs. 非标的					
Intercept	17.5065***	16.9442***	5.2003***	−1.0305***	−0.4669***
	(605.42)	(187.07)	(30.15)	(−8.16)	(−4.53)
Short-Dummy	0.1140*	0.3702***	0.0963***	−0.0833***	−0.0184*
	(3.67)	(13.92)	(5.09)	(−6.29)	(−1.77)
Size	−0.7157***	−0.7619***	−0.0196***	0.0534***	0.0273***
	(681.85)	(284.15)	(−2.71)	(10.43)	(6.45)
BM	0.3887***	0.6927***	−0.0076	−0.0306***	0.0079
	(81.51)	(92.64)	(−0.81)	(−4.61)	(1.48)
ROE	9.4410***	4.7964***	0.1485***	−0.0501***	−0.0051
	(657.69)	(89.86)	(5.54)	(−2.64)	(−0.39)
Institution	0.4624***	0.5601***	0.2834***	−0.0296	−0.0072
	(24.07)	(12.69)	(9.87)	(−1.47)	(−0.44)
Growth	−0.0078**	−0.0081***	−0.0001	0.0002*	−0.0000
	(5.25)	(9.16)	(−0.70)	(1.73)	(−0.05)
Seperation	1.0154***	1.5901***	−0.2921***	−0.0930*	−0.0105
	(18.09)	(17.55)	(−3.92)	(−1.78)	(−0.24)
Return	0.0552	−0.5416***	−0.4563***	−0.0145	−0.0104
	(0.34)	(8.92)	(−16.86)	(−0.75)	(−0.69)
Analyst	0.0873***	−0.0955**	−0.0235***	−0.0816***	−0.0572***
	(11.56)	(5.29)	(−2.91)	(−14.53)	(−12.26)
Age	−1.8345***	−1.6060***	−0.3950***	0.1026***	0.0434***
	(3572.3)	(1193.9)	(−45.25)	(15.90)	(7.59)
Horizon				0.0216***	0.0193***
				(4.15)	(4.67)
Industry	Control	Control	Control	Control	Control
Year	Control	Control	Control	Control	Control
Observation	51491	51491	51491	51491	51491
Adj-Rsquare	0.5187	0.3550	0.1510	0.0540	0.0331

(续表)

变量	Voluntary	BadNews	Horizon	M_Error1	M_Error2
Panel B：加入后 vs. 加入前					
Intercept	21.3881***	12.4865	7.1371***	−1.1459***	−0.4310
	(113.83)	(0.00)	(14.78)	(−3.62)	(−1.63)
Short-Dummy	0.0623	0.3870*	0.0736*	−0.0522**	−0.0349*
	(0.21)	(2.74)	(1.71)	(−2.02)	(−1.71)
Size	−0.9236***	−1.0288***	−0.1104***	0.0602***	0.0420***
	(149.41)	(52.18)	(−5.35)	(4.74)	(3.98)
BM	0.1682	0.6532***	0.0741**	−0.0162	−0.0070
	(1.80)	(7.83)	(2.35)	(−0.80)	(−0.43)
ROE	7.8419***	1.6368	1.2504***	−0.7162***	−0.2096**
	(77.39)	(0.73)	(7.13)	(−5.99)	(−2.03)
Institution	1.0533***	2.0420***	0.4663***	−0.1222**	0.0646*
	(15.83)	(15.18)	(5.86)	(−2.53)	(1.71)
Growth	−0.0018	−0.0385*	−0.0026***	0.0003	0.0003
	(0.01)	(3.05)	(−3.34)	(0.69)	(0.97)
Seperation	0.3344	−1.5011	−0.4606**	−0.0545	−0.2688***
	(0.24)	(1.28)	(−2.22)	(−0.44)	(−2.58)
Return	0.2128	−0.1073	−0.3012***	0.0031	0.0214
	(0.57)	(0.03)	(−3.62)	(0.06)	(0.55)
Analyst	0.1010	−0.2021	−0.0908***	−0.0428***	−0.0448***
	(2.32)	(2.54)	(−4.18)	(−3.28)	(−4.38)
Age	−1.8824***	−1.8568***	−0.3791***	0.1007***	0.0237
	(469.48)	(141.46)	(−13.81)	(5.79)	(1.59)
Horizon				0.0361***	−0.0093
				(2.74)	(−0.89)
Industry	Control	Control	Control	Control	Control
Year	Control	Control	Control	Control	Control
Observation	5467	5467	5467	5467	5467
Adj-Rsquare	0.4906	0.3520	0.1787	0.0905	0.0788

注：*、**、***分别表示10%、5%、1%置信水平下显著。以 M_Error1、M_Error2、Horizon 为被解释变量的模型中，括号内为 T 统计量值；以 Voluntary、BadNews 为被解释变量的 Logistic 回归模型中，括号内为 Wald 卡方值，Adj-Rsquare 为 Max-rescaled R-Square。

表 7-4 中的"Panel B"给出了公司加入融资融券标的前后管理层信息披露质量的变化。我们发现,虚拟变量 Event-Dummy 对 Voluntary、BadNews、Horizon 的回归系数均为正,对两个业绩预告偏差变量 M_Error 的回归系数均显著为负。由此可见,公司股票在加入融资融券标的后,管理层信息披露质量显著提高。

我们进一步将管理层业绩预告分为强制披露和自愿披露、乐观预告和悲观预告。① 通过对不同类型的预告进行回归,表 7-5 的结果进一步支持了表 7-4 的结论。此外,我们还发现,融资融券标的与非标的公司在业绩预告及时性上的差异主要体现在强制披露和悲观预告上,而二者在管理层预告偏差方面的差异在不同类型的预告中均表现出很强的显著性。

表 7-5 分类型业绩预告质量回归结果(标的 vs. 非标的)

变量	强制披露	自愿披露	乐观预告	悲观预告
Panel A:Horizon				
Intercept	4.2467***	5.1281***	6.1640***	5.0186***
	(19.58)	(15.61)	(29.17)	(16.43)
Short-Dummy	0.1022***	0.0111	0.0284	0.1994***
	(4.09)	(0.44)	(1.28)	(5.93)
Size	0.0117	−0.0476***	−0.0580***	−0.0184
	(1.26)	(−4.20)	(−6.58)	(−1.41)
BM	−0.0448***	0.0866***	0.0769***	0.0647***
	(−3.84)	(5.45)	(6.43)	(3.64)

---

① 预增、预减、首亏、续亏、扭亏为强制披露;略增、略减、续盈、不确定为自愿披露;预增、略增、续赢、扭亏为乐观预告,预减、略减、续亏、首亏为悲观预告。

(续表)

变量	强制披露	自愿披露	乐观预告	悲观预告
ROE	0.0521*	2.7669***	1.8859***	−0.0630**
	(1.79)	(17.00)	(19.16)	(−2.03)
Institution	0.2425***	0.2425***	0.3442***	0.1381***
	(6.15)	(6.71)	(10.16)	(2.72)
Growth	−0.0001	−0.0066**	−0.0001	−0.0002
	(−0.40)	(−2.45)	(−0.91)	(−0.31)
Seperation	−0.3586***	0.3092***	−0.3837***	−0.1484
	(−3.56)	(−3.26)	(−4.38)	(−1.12)
Return	−0.5141***	−0.2622***	−0.4713***	−0.4514***
	(−14.71)	(−6.98)	(−14.84)	(−9.29)
Analyst	−0.0517***	−0.0721***	−0.0627***	−0.0596***
	(−4.49)	(−7.27)	(−6.82)	(−3.56)
Age	−0.3105***	−0.1871***	−0.4217***	−0.3278***
	(−23.19)	(−14.68)	(−41.37)	(−20.06)
Industry	Control	Control	Control	Control
Year	Control	Control	Control	Control
Observation	13872	7740	13271	8200
Adj-Rsquare	0.081	0.0985	0.2140	0.1006
Panel B: M_Error1①				
Intercept	−0.9861***	−1.0607***	−1.1861***	−1.5411***
	(−5.63)	(−6.26)	(−7.98)	(−6.55)
Short-Dummy	−0.0903***	−0.0695***	−0.1022***	−0.0675***
	(−4.64)	(−5.56)	(−6.86)	(−2.71)
Size	0.0548***	0.0390***	0.0578***	0.0695***
	(7.50)	(6.82)	(9.70)	(7.15)
BM	−0.0108	−0.0998***	−0.1143***	−0.0157
	(−1.16)	(−12.56)	(−13.94)	(−1.18)
ROE	−0.0178	−1.0410***	−1.1364***	0.0578**
	(−0.78)	(−12.15)	(−15.69)	(2.57)

① 为了控制篇幅,这里只列出了 M_Error1 的结果,基于 M_Error2 的分析结论相同。

（续表）

变量	强制披露	自愿披露	乐观预告	悲观预告
Institution	-0.0479	0.0046	0.0003***	0.0630*
	(-1.55)	(0.26)	(2.86)	(1.68)
Growth	0.0002	-0.0520***	-0.0599***	-0.0011**
	(1.56)	(-7.41)	(-2.64)	(-2.20)
Seperation	-0.1180	0.0171	-0.0586	-0.1295
	(-1.50)	(0.37)	(-1.00)	(-1.33)
Return	0.0119	-0.0600***	-0.0069	0.0140
	(0.43)	(-3.20)	(-0.32)	(0.39)
Analyst	-0.0950***	-0.0289***	-0.0662***	-0.0352***
	(-10.64)	(-5.94)	(-10.72)	(-2.89)
Age	0.0757***	0.0650***	0.0998***	0.1347***
	(7.15)	(9.84)	(13.55)	(10.92)
Horizon	0.0419***	0.0355***	0.0313***	0.0388***
	(5.73)	(5.97)	(4.98)	(4.30)
Industry	Control	Control	Control	Control
Year	Control	Control	Control	Control
Observation	13872	7740	13271	8200
Adj-Rsquare	0.0346	0.0740	0.0807	0.0573

注：*、**、***分别表示10%、5%、1%置信水平下显著，括号内为相应T统计量值。

在以上分析中，我们直接比较融资融券标的公司和非标的公司的业绩预告质量，可能存在内生性问题，那些加入融资融券标的的公司本身可能具有更高的信息透明度和信息披露质量。为了避免内生性干扰，我们基于表7-1的设定，采用双重差分检验来比较融资融券标的公司与非标的公司在管理层业绩预告质量上的差异。

表7-6给出了双重差分的回归结果，我们重点分析事件虚拟变量和组别虚拟变量交乘项 Event-Dummy × Short-Dummy 的回归系数。当以较晚加入融资融券标的的公司作为对照组时（"Panel A"），

交乘项对 Voluntary、BadNews、Horizon 的回归系数分别为 0.5211、0.6208 和 0.1997,对两个业绩预告误差 M_Error 的回归系数分别为 -0.2499 和 -0.0149,其中大部分系数均具有较高的显著性。当利用倾向得分匹配法选择对照组时("Panel B"),我们得到了相似的结果。以上结果进一步表明融资融券标的公司管理层信息披露质量显著高于非标的公司。

表 7-6 管理层业绩预告质量双重差分结果

变量	Voluntary	BadNews	Horizon	M_Error1	M_Error2
Panel A:以较后加入融资融券标的的公司作为对照组					
Intercept	19.4296***	10.2663	6.3488***	-2.9969***	-0.4490
	(128.27)	(0.00)	(15.97)	(-3.06)	(-1.21)
Event-Dummy	0.2063*	-0.0556	-0.1064***	-0.0273	-0.0052
	(3.04)	(0.07)	(-2.75)	(-0.31)	(-0.15)
Short-Dummy	-0.0972	-0.0532	-0.0672	0.0350	0.0296
	(0.41)	(0.05)	(-1.42)	(0.32)	(0.70)
Event-Dummy × Short-Dummy	0.5211***	0.6208**	0.1997***	-0.2499*	-0.0149
	(7.78)	(3.85)	(3.34)	(-1.84)	(-0.30)
Size	-0.8609***	-0.8985***	-0.0640***	0.1290***	0.0324**
	(198.25)	(73.17)	(-3.72)	(3.23)	(2.08)
BM	0.5546***	1.0696***	0.0464*	-0.0817	-0.0101
	(32.14)	(37.50)	(1.90)	(-1.37)	(-0.46)
ROE	7.9485***	2.8783*	0.7379***	-1.5207***	-0.3456***
	(109.16)	(3.68)	(5.62)	(-3.92)	(-2.66)
Institution	0.9963***	1.3008***	0.4364***	-0.0905	-0.0268
	(19.00)	(10.40)	(6.18)	(-0.56)	(-0.45)
Growth	-0.0121	-0.0236	-0.0023**	0.0007	-0.0000
	(0.61)	(2.59)	(-2.54)	(0.33)	(-0.03)
Seperation	1.0924**	2.1074**	-0.4778***	-0.5193	-0.1137
	(4.15)	(5.48)	(-2.71)	(-1.31)	(-0.77)

(续表)

变量	Voluntary	BadNews	Horizon	M_Error1	M_Error2
Return	0.3831***	−0.2607	−0.0044	0.0263	−0.0135
	(8.80)	(0.37)	(−0.07)	(0.18)	(−0.25)
Analyst	0.1412**	−0.0782	−0.0822***	−0.0994**	−0.0483***
	(5.97)	(0.66)	(−4.30)	(−2.28)	(−3.01)
Age	−1.9142***	−1.7042***	−0.3809***	0.1853***	0.0764***
	(629.79)	(198.58)	(−15.99)	(3.27)	(3.39)
Horizon				0.0786*	−0.0100
				(1.84)	(−0.64)
Industry	Control	Control	Control	Control	Control
Observation	4900	4150	2891	2672	1601
Adj-Rsquare	0.4535	0.2813	0.1269	0.0220	0.0339
Panel B：利用倾向得分匹配法选择对照组					
Intercept	15.5259***	−2.2859	6.7389***	−0.7858	−0.0374
	(138.28)	(0.00)	(20.43)	(−1.21)	(0.66)
Event-Dummy	0.0676	−0.9459***	−0.0679**	0.0070	0.0035
	(0.31)	(24.50)	(−2.21)	(0.13)	(0.20)
Short-Dummy	−0.2682*	−0.9495***	−0.0580***	0.2085***	0.0825***
	(2.32)	(17.45)	(−1.46)	(2.95)	(3.33)
Event-Dummy × Short-Dummy	0.5873***	1.5266***	0.1487***	−0.2380**	−0.0136
	(10.09)	(25.19)	(2.84)	(−2.54)	(−2.13)
Size	−0.6282***	−0.3407***	−0.0668***	0.0349	0.0099
	(147.98)	(14.90)	(−4.79)	(1.36)	(1.12)
BM	−0.0228	−0.1448	0.1033***	−0.0635*	−0.0135
	(0.07)	(1.48)	(5.20)	(−1.65)	(−1.09)
ROE	2.9060***	−2.3310**	0.8079***	−1.0119***	−0.2737***
	(29.39)	(4.74)	(9.60)	(−4.87)	(−4.18)
Institution	−0.2805	−0.2136	0.5288***	0.0290	−0.0191
	(2.11)	(0.50)	(10.60)	(0.32)	(−0.61)
Growth	−0.0048	−0.0251*	−0.0023*	0.0055**	0.0020**
	(0.07)	(2.78)	(−1.68)	(2.32)	(2.44)

(续表)

变量	Voluntary	BadNews	Horizon	M_Error1	M_Error2
Seperation	3.5869***	5.8158***	−0.2926**	0.3417	−0.1233
	(51.40)	(48.87)	(−2.20)	(1.40)	(−1.32)
Return	0.1797	−2.4496***	0.0053	−0.0212	−0.0515
	(0.57)	(28.36)	(0.10)	(−0.20)	(−1.53)
Analyst	0.0718	−0.3438***	−0.1458***	−0.1185***	−0.0547***
	(1.86)	(15.25)	(−8.63)	(−3.88)	(−5.29)
Age	−1.6789***	−1.6255***	−0.4423***	0.1263***	0.0260*
	(606.64)	(232.41)	(−20.61)	(3.10)	(1.79)
Horizon				0.0598**	0.0043
				(2.12)	(0.43)
Industry	Control	Control	Control	Control	Control
Observation	9612	9612	9612	9612	9612
Adj-Rsquare	0.3548	0.2607	0.1745	0.0327	0.0764

注：*、**、***分别表示10%、5%、1%置信水平下显著。以 M_Error1、M_Error2、Horizon 为被解释变量的模型中，括号内为 T 统计量值；以 Voluntary、BadNews 为被解释变量的 Logistic 回归模型中，括号内为 Wald 卡方值，Adj-Rsquare 为 Max-rescaled R-Square。

7.5 分析师盈利预测

7.5.1 融资融券交易对分析师盈利预测的影响

表7-7给出了分析师盈利预测相关指标的描述性统计结果。我们发现，分析师对融资融券标的公司的盈利预测偏差与分歧都要低于非标的公司，而公司加入融资融券标的后，分析师的盈利预测偏差与分歧都要低于加入前。

表 7-7 分析师预测描述性统计①

变量	样本量	均值	标准差	样本量	均值	标准差	差值
Panel A		非标的			标的		
A_Error1	6488	0.0179	0.0331	928	0.0171	0.0245	−0.0008
A_Error2	6488	0.0187	0.0330	928	0.0183	0.0243	−0.0004
Dispersion	5660	0.0103	0.0147	883	0.0117	0.0130	0.00133
Panel B		加入前			加入后		
A_Error1	671	0.0165	0.0258	522	0.0163	0.0231	−0.0002
A_Error2	671	0.0177	0.0258	522	0.0173	0.0231	−0.0004
Dispersion	625	0.0126	0.0197	489	0.0110	0.0128	−0.0015

我们对其他可能影响分析师盈利预测的变量加以控制,进行回归分析,结果如表 7-8 所示。首先,我们发现虚拟变量 Short-Dummy 对分析师盈利预测偏差 A_Error1 和 A_Error2 以及分析师预测分歧 Dispersion 的回归系数分别为 −0.0044、−0.0046 和 −0.0024,并且均在 1% 的水平下显著。这说明,分析师对融资融券标的公司的盈利预测偏差和分歧都要显著低于非标的公司。其次,事件分析的结果也表明,与加入融资融券标的前相比,公司在加入融资融券标的后,分析师盈利预测偏差显著降低,预测分歧也有所减少。

与非标的公司相比,融资融券标的公司本身可能具有更高的透明度,从而有利于分析师作出更为准确的预测,因此,直接比较分析师对标的公司和非标的公司盈利预测的准确性也可能存在内生性问题。此外,在事件分析中,分析师盈利预测的准确性在公司股票成为

---

① 在对样本特质进行检验时我们发现,在利用倾向得分匹配法匹配前,实验组、对照组在大多数控制变量上存在显著差异,而匹配之后两组样本在控制变量上的差异显著减小,说明匹配之后两组样本在除融资融券标的标记变量之外不存在显著差异。为节省篇幅,我们未列出匹配前后特征变量差异的统计结果。

7. 信息治理效应

表 7-8 融资融券对分析师盈利预测的影响：OLS 回归

变量	A_Error1	A_Error2	Dispersion	A_Error1	A_Error2	Dispersion
Intercept	−0.0377***	−0.0456***	−0.0435***	−0.0360**	−0.0475***	−0.0524***
	(−5.07)	(−6.28)	(−9.80)	(−2.28)	(−3.02)	(−4.06)
Short-Dummy	−0.0044***	−0.0046***	−0.0024***			
	(−4.07)	(−4.34)	(−3.71)			
Event-Dummy				−0.0045*	−0.0043*	−0.0010
				(−1.93)	(−1.85)	(−0.52)
Size	0.0030***	0.0033***	0.0024***	0.0028***	0.0033***	0.0028***
	(9.44)	(10.68)	(12.64)	(4.18)	(4.95)	(5.27)
ROE	−0.0826***	−0.0816***	−0.0139***	−0.0801***	−0.0795***	0.0065*
	(−33.45)	(−33.19)	(−8.96)	(−18.86)	(−18.79)	(−1.88)
Growth	−0.0002***	−0.0002***	−0.0001**	−0.0003***	−0.0003***	−0.0010***
	(−3.63)	(−3.39)	(−2.41)	(−3.08)	(−2.98)	(−2.82)
Institution	−0.0073***	−0.0076***	−0.0049***	−0.0028	−0.0028	−0.0065***
	(−5.31)	(−5.59)	(−5.87)	(−0.91)	(−0.92)	(−2.59)
Age	0.0020***	0.0022***	0.0013***	0.0009	0.0011	0.0007
	(5.09)	(5.65)	(5.39)	(0.86)	(1.06)	(0.86)
Analyst	0.0005	0.0006	0.0003	0.0013	0.0013	−0.0000
	(1.20)	(1.52)	(1.21)	(1.53)	(1.53)	(−0.03)
Industry	Control	Control	Control	Control	Control	Control
Year	Control	Control	Control	Control	Control	Control
Observation	12218	12218	12218	1358	1358	1358
Adj-Rsquare	0.2195	0.2222	0.1139	0.2908	0.2964	0.0865

注：*、**、***分别表示 10%、5%、1%置信水平下显著，括号内为相应 T 统计量值。

融资融券标的后有了显著提高，也有可能存在其他潜在的原因。为了解决上述问题，我们利用不同的方法选择对照组，建立双重差分模型，回归结果如表 7-9 所示。在以较后加入融资融券标的的公司作为对照组时，交乘项 Event-Dummy×Short-Dummy 的回归系数分别为 -0.0063、-0.0068 和 -0.0042，并均在 1% 的水平下显著。在利用倾向得分匹配法选择对照组时，Event-Dummy×Short-Dummy 的回归系数分别为 -0.0037、-0.0040 和 -0.0007，且均较为显著。可见，在控制了可能存在的内生性干扰后，分析师对融资融券标的公司的盈利预测偏差和分歧均要显著低于非融资融券标的公司。

表 7-9 融资融券对分析师盈利预测的影响：DID 回归

变量	A_Error1	A_Error2	Dispersion
Panel A：以较后加入融资融券标的的公司作为对照组			
Intercept	-0.0274^{**}	-0.0388^{***}	-0.0416^{***}
	(-2.23)	(-3.17)	(-5.16)
Event-Dummy	0.0024	0.0024	0.0018^{*}
	(1.59)	(1.60)	(1.83)
Short-Dummy	0.0030^{*}	0.0030^{*}	0.0025^{**}
	(1.76)	(1.79)	(2.30)
Event-Dummy×Short-Dummy	-0.0063^{***}	-0.0068^{***}	-0.0042^{***}
	(-2.94)	(-3.16)	(-2.96)
Size	0.0022^{***}	0.0027^{***}	0.0022^{***}
	(3.96)	(4.89)	(6.22)
ROE	-0.0551^{***}	-0.0548^{***}	-0.0060^{**}
	(-15.20)	(-15.16)	(-2.58)
Growth	-0.0021^{***}	-0.0020^{***}	-0.0003
	(-10.15)	(-9.94)	(-1.58)
Institution	-0.0045^{*}	-0.0045^{*}	-0.0048^{***}
	(-1.72)	(-1.71)	(-2.81)
Analyst	-0.0007	-0.0006	-0.0001
	(-0.88)	(-0.84)	(-0.27)

(续表)

变量	A_Error1	A_Error2	Dispersion
Age	0.0007	0.0009	0.0005
	(0.84)	(1.08)	(0.94)
Industry	Control	Control	Control
Observation	2034	2034	2034
Adj-Rsquare	0.2388	0.2409	0.0578
Panel B：利用倾向得分匹配法选择对照组			
Intercept	−0.0491***	−0.0679***	−0.0829***
	(−3.53)	(−4.89)	(−9.06)
Event-Dummy	−0.0014	−0.0015	−0.0023***
	(−1.06)	(−1.19)	(−2.73)
Short-Dummy	−0.0010	−0.0010	−0.0014
	(−0.62)	(−0.60)	(−1.33)
Event-Dummy×Short-Dummy	−0.0037*	−0.0040*	−0.0007
	(−1.68)	(−1.83)	(−0.48)
Size	0.0037***	0.0045***	0.0044***
	(6.31)	(7.84)	(11.75)
ROE	−0.0694***	−0.0692***	−0.0069**
	(−17.05)	(−17.04)	(−2.61)
Growth	−0.0012***	−0.0011***	−0.0004*
	(−5.75)	(−5.42)	(−1.72)
Institution	−0.0121***	−0.0128***	−0.0110***
	(−4.68)	(−4.98)	(−6.64)
Analyst	0.0015**	0.0015**	0.0012**
	(2.16)	(2.15)	(2.41)
Age	0.0014	0.0013	0.0004
	(1.55)	(1.49)	(0.63)
Industry	Control	Control	Control
Observation	2412	2412	2412
Adj-Rsquare	0.2148	0.2204	0.1103

注：*、**、***分别表示10%、5%、1%置信水平下显著，括号内为相应T统计量值。

7.5.2 影响路径分析

上市公司管理层和分析师作为资本市场的重要参与者和市场信息的重要来源,他们的行为尤其是信息披露行为可能会相互影响。管理层业绩预告和盈余公告中所发布的公司盈利信息是分析师进行公司盈利预测的重要信息来源,即管理层所进行的信息披露是分析师盈利预测的重要参考。相关研究也表明,管理层信息披露质量的提高能够改善分析师的盈利预测质量。方军雄(2007)、白晓宇(2009)、王玉涛和王彦超(2012)等的研究都指出,上市公司信息披露质量越高、信息越透明,分析师盈利预测的偏差和分歧会越低。

本部分通过两个维度的分析讨论管理层业绩预告对分析师盈利预测的影响。我们对管理层信息披露前后分析师盈利预测的偏差和分歧进行比较,定义虚拟变量 After-Dummy,如果分析师盈利预测发生在管理层业绩预告之后,After-Dummy 取值为 1,否则取值为 0。[①] 一般来说,距离盈余公告日越近,分析师获取的信息越充分,盈利预测也越准确,因此,对比管理层业绩预告前后分析师整体的盈利预测偏差并无太大意义。为此,我们选择基于单个分析师的盈利预测数据,并对分析师盈利预测期长度(Interval,即分析师预测日与公司盈余公告日之间的时间间隔)加以控制,进行回归分析,结果如表 7-10 所示。可以发现,不管是全样本,还是融资融券标的样本或非标的样本,虚拟变量 After-Dummy 对分析师盈利预测的回归系数均显著为负。这说明与管理层发布业绩预告前相比,分析师在管理层发布业

---

① 由于分析师只针对年度盈利数据进行预测,故仅按照第四季度的管理层业绩预告日期来定义虚拟变量 After-Dummy。

绩预告后的盈利预测准确性有了显著提高,可见管理层业绩预告为分析师盈利预测提供了信息支持。

表 7-10　管理层业绩预告前后分析师盈利预测偏差的比较

变量	全样本	Short-Dummy＝0	Short-Dummy＝1
Intercept	−0.0714***	−0.0956***	−0.0299***
	(−30.72)	(−33.71)	(−6.99)
After-Dummy	−0.0026***	−0.0023***	−0.0035***
	(−10.19)	(−7.98)	(−6.82)
Size	0.0030***	0.0041***	0.0009***
	(48.26)	(53.95)	(6.97)
ROE	−0.0350***	−0.0041***	−0.0637***
	(−68.60)	(−55.07)	(−44.64)
Growth	−0.0003***	−0.0003***	−0.0015***
	(−34.18)	(−30.33)	(−27.53)
Institution	−0.0058***	−0.0072***	−0.0035***
	(−18.53)	(−20.90)	(−4.71)
Analyst	−0.0026***	−0.0029***	0.0011**
	(−21.20)	(−21.89)	(3.75)
Age	0.0018***	0.0019***	0.0011***
	(18.96)	(17.94)	(3.75)
Interval	0.0067***	0.0072***	0.0049***
	(59.75)	(55.91)	(22.87)
Industry	Control	Control	Control
Year	Control	Control	Control
Observation	206407	145116	61291
Adj-Rsquare	0.2372	0.2555	0.3071

注:*、**、***分别表示10%、5%、1%置信水平下显著,括号内为相应 T 统计量值。

为了探究融资融券交易对分析师盈利预测的影响路径,我们根据公司加入融资融券标的前后,管理层业绩预告偏差变动情况定义相应的虚拟变量,对样本进行进一步的回归分析。公司加入融资融券标的前后管理层业绩预告偏差变动定义如下:

$$\Delta M\_Error_i = M\_Error_{i,\text{Event\_in}=1} - M\_Error_{i,\text{Event\_in}=0} \quad (7\text{-}10)$$

其中,$M\_Error_{i,\text{Event\_in}=0}$、$M\_Error_{i,\text{Event\_in}=1}$ 分别代表公司 i 加入融资融券标的前四个季度和后四个季度管理层业绩预告平均偏差,ΔM_Error_i 代表公司 i 加入融资融券标的前后管理层业绩预告偏差变动。

我们按照 ΔM_Error 的取值将样本分为正负两组分别进行回归,结果如表 7-11 所示。可以看出,对于加入融资融券标的后管理层业绩预告偏差降低的公司($\Delta M\_Error<0$),Event-Dummy 的回归系数为 -0.0042,并在 1% 的水平下显著,表明分析师盈利预测偏差和分歧在目标公司入选标的后也显著降低。对于那些加入融资融券标的后管理层业绩预告偏差增加的公司($\Delta M\_Error>0$),分析师盈利预测偏差和分歧在目标公司入选标的前后并没有发生显著的变化。由此可见,融资融券交易对分析师盈利预测的影响是通过提高管理层信息披露质量来实现的。

表 7-11　管理层业绩预告偏差对分析师盈利预测的影响

变量	分组回归	
	$\Delta M\_Error<0$	$\Delta M\_Error>0$
Intercept	-0.1444***	-0.0604***
	(-7.19)	(-3.82)
Event-Dummy	-0.0042***	-0.0008
	(-2.46)	(-0.55)

(续表)

变量	分组回归	
	ΔM_Error<0	ΔM_Error>0
Size	0.0067***	0.0037***
	(7.90)	(5.80)
ROE	−0.0169*	−0.0101
	(−1.83)	(−1.13)
Growth	−0.0002**	−0.0000
	(−2.45)	(−0.84)
Institution	−0.0010	0.0014
	(−0.28)	(0.51)
Analyst	−0.0039***	−0.0032***
	(−3.35)	(−3.49)
Age	0.0020	0.0010
	(1.64)	(1.00)
Industry	Control	Control
Year	Control	Control
Quarter	Control	Control
Observation	1528	1168
Adj-Rsquare	0.1645	0.2203

注：*、**、*** 分别表示10%、5%、1%置信水平下显著,括号内为相应 T 统计量值。

基于以上分析,我们认为管理层业绩预告在融资融券对分析师盈利预测的影响中发挥了中介作用,管理层业绩预告质量的提高有利于改善分析师的盈利预测质量。

7.6 小　　结

大量现有文献证实融资融券交易有利于提高股票市场价格的信息效率,但是相关研究多从股票的信息含量和价格对市场信息的反应速度的角度展开,鲜有文献对融资融券如何影响上市公司的信息环境进行分析。其原因可能在于该研究本身存在内生性问题,难以明确论证融资融券交易制度的变化是否是公司信息环境变化的直接原因。本章利用我国 2010 年 3 月推出的融资融券交易试点所形成的自然实验环境,从市场信息产生和传递的角度研究融资融券交易的信息治理效应,分析融资融券交易对股票市场信息的影响效果和作用方式。研究结果显示,融资融券交易同时具有内部信息治理和外部信息治理的作用,从而有利于改善公司的信息环境。

在内部信息治理方面,融资融券交易制度的引入提高了公司管理层的信息披露质量。具体表现为:融资融券标的公司管理层自愿披露非强制信息和坏消息的概率均显著高于非标的公司,融资融券标的公司管理层预告的及时性和准确性也显著高于非标的公司;同时,股票加入融资融券标的后,公司管理层披露业绩预告的主动性、预告中披露坏消息的概率以及业绩预告的及时性均显著提高,业绩预告的偏差则显著降低。

在外部信息治理方面,融资融券交易制度的引入改善了分析师盈利预测的质量。具体表现为:与非融资融券标的公司相比,分析师针对标的公司的盈利预测具有更低的偏差和更少的分歧;同时,公司股票加入融资融券标的后,分析师的盈利预测偏差和分歧均显著降低和减少。上述结果在控制了其他因素的影响和通过双重差分模型控制内生性问题后保持稳健。

本章的研究结果说明,融资融券交易通过影响管理层和分析师的信息行为进而影响公司的信息环境,这为融资融券交易改善股票市场信息效率和市场质量提供了新的解释,进一步拓展了已有的关于融资融券交易对我国资本市场影响机制的研究结论。

文 献 列 表

白晓宇.上市公司信息披露政策对分析师预测的多重影响研究.金融研究,2009,(4):92—112.

蔡晓慧.融资约束的度量及其检验.全国博士生学术论坛暨宏观经济青年学者论坛,2011.

曹廷求,钱先航.公司治理与盈余管理:基于上市公司的实证分析.山东大学学报,2008,(6):50—58.

陈春华.公司治理、融资约束与现金持有价值——基于政府控制层的实证研究.江西财经大学学报,2013,(8):86—95.

陈国进,胡超凡,王景.异质信念与股票收益——基于我国股票市场的实证研究.财贸经济,2009,(3):26—31.

陈国进,张贻军.异质信念、卖空限制与我国股市的暴跌现象研究.金融研究,2009,(4):80—91.

陈海强,范云菲.融资融券交易制度对中国股市波动率的影响——基于面板数据政策评估方法的分析.金融研究,2015,(6):159—172.

陈晖丽,刘峰.融资融券的治理效应研究——基于公司盈余管理的视角.会计研究,2014,(9):45—52.

陈森鑫,郑振龙.卖空机制对证券市场的影响:基于全球市场的经验研究.世界经济,2008,(12):73—81.

陈森鑫,郑振龙.推出卖空机制对证券市场波动率的影响.证券市场导报,2008,(2):61—65.

储小俊,吴冲锋,曹杰.外部投资者情绪会驱动内部人交易吗?——来自中国A股市场的经验证据.财经论丛,2015,(11):52—60.

褚剑,方军雄.中国式融资融券制度安排与股价崩盘风险的恶化.经济研究,2016,(5):143—158.

方军雄.我国上市公司信息披露透明度与证券分析师预测.金融研究,2007,(6):136—148.

冯旭南.中国投资者具有信息获取能力吗?——来自"业绩预告"效应的证据.经济学(季刊),2014,(3):1065—1090.

高敬忠,周晓苏,王英允.机构投资者持股对信息披露的治理作用研究——以管理层盈余预告为例.南开管理评论,2011,(5):129—140.

高雷,张杰.公司治理、机构投资者与盈余管理.会计研究,2009,(9):64—72.

古志辉,郝项超,张永杰.卖空约束、投资者行为和A股市场的定价泡沫.金融研究,2011,(2):129—148.

顾乃康,周艳利.卖空的事前威慑、公司治理与企业融资行为——基于融资融券制度的准自然实验检验.管理世界,2017,(2):120—134.

郭杰,洪洁瑛.中国证券分析师的盈余预测行为有效性研究.经济研究,2009,(11):55—67.

韩立岩,刘博研.公司治理、不确定性与现金价值.经济学,2011,(2):523—550.

何德旭,王卉彤.金融创新效应的理论评述.财经问题研究,2008,(12):3—8.

胡昌生,池阳春.异质信念与资产价格异常波动性.金融评论,2013 5,(3):55—71.

胡华锋.卖空交易与市场波动性、流动性研究——基于中国香港证券市场的实证分析.上海财经大学学报,2012,(6):82—89.

姜宝强,毕晓方.超额现金持有与企业价值的关系探析——基于代理成本的视角.经济与管理研究,2006,(12):49—55.

姜超.证券分析师、内幕消息与资本市场效率——基于中国A股股价中公司特质信息含量的经验证据,2013,(2):429—452.

靳庆鲁,侯青川,李刚,谢亚茜.放松卖空管制、公司投资决策与期权价值.经济研究,2015,(10):76—88.

孔东民,魏诗琪.信息不对称、机构持股与价格稳定性.证券市场导报,2009,(1):63—69.

李琛,李志生,徐寿福.作为风险释放工具的卖空机制——基于不同市场态势的卖空效应研究.国际金融研究,2017,(11):75.

李春涛,胡宏兵,谭亮.中国上市银行透明度研究——分析师盈利预测和市场同步性的证据.金融研究,2013,(6):118—132.

李科,徐龙炳,朱伟骅.卖空限制与股票错误定价——融资融券制度的证据.经济研究,2014,(10):165—178.

李志生,陈晨,林秉旋. 卖空机制提高了中国股票市场的定价效率吗?——基于自然实验的证据. 经济研究,2015,(4):165—177.

李志生,杜爽,林秉旋. 卖空交易与股价价格稳定性——来自中国融资融券市场的自然实验. 金融研究,2015,(6):173—188.

廖士光,杨朝军. 卖空交易机制、波动性和流动性——一个基于香港股市的经验研究. 管理世界,2005,(12):6—13.

廖士光,杨朝军. 卖空交易机制对股价的影响——来自台湾股市的经验证据. 金融研究,2005,(10):131—140.

廖士光. 融资融券交易价格发现功能研究——基于标的证券确定与调整的视角. 上海立信会计学院学报,2011,(1):67—76.

廖秀梅. 会计信息的信贷决策有用性:基于所有权制度制约的研究. 会计研究,2007,(5):31—38.

卢太平,张东旭. 融资需求、融资约束与盈余管理. 会计研究,2014,(1):35—41.

陆静,曹国华,唐小我. 基于异质信念和卖空限制的分割市场股票定价. 科学管理学报,2011,(1):13—27.

陆蓉,潘宏. 上市公司为何隐瞒利好的业绩?——基于市值管理的业绩不预告动机研究. 上海财经大学学报,2012,(5):78—86.

陆正飞,王春飞,王鹏. 激进股利政策的影响因素及其经济后果. 金融研究,2010,(6):162—174.

罗黎平,饶育蕾. 卖空机制对股票价格影响的非线性动力学模拟. 系统工程,2011,(12):33—40.

罗琦,秦国楼. 投资者保护与公司现金持有. 金融研究,2009,

(10):162—178.

攀登,施东晖,宋铮. 证券市场泡沫的生成机理分析——基于宝钢权证自然实验的实证研究. 管理世界,2008,(4):15—23.

施东晖. 证券投资基金的交易行为及市场影响. 世界经济,2001,(10):26—31.

史永东,蒋贤锋. 内幕交易、股价波动与信息不对称:基于中国股票市场的经验研究. 世界经济,2004,(12):55—65.

史永东,王瑾乐. 中国机构投资者真的稳定市场了吗?. 经济研究,2014,(12):100—112.

宋云玲,李志文,纪新伟. 从业绩预告违规看中国证券监管的处罚效果. 金融研究,2011,(6):136—149.

孙浦阳,张蕊. 金融创新是促进还是阻碍了经济增长——基于技术进步视角的面板分析. 当代经济科学,2012,(3):26—34.

唐斌. 机构投资者治理、资本市场定价效率与公司业绩. 价格理论与实践,2013,(6):79—80.

王亚平,刘慧龙,吴联生. 信息透明度,机构投资者与股价同步性. 金融研究,2009,(12):162—174.

王茵田,朱英姿,章真. 投资者是非理性的吗——卖空限制下我国权证价格偏离探析. 金融研究,2012,(1):194—206.

王玉涛,王彦超. 业绩预告信息对分析师预测行为有影响吗. 金融研究,2012,(6):193—206.

王昱,廖士光,吴淑琨. 融资融券交易的市场冲击效应研究——基于中国台湾证券市场的经验与启示. 财经研究,2008,(10):99—109.

肖浩,孔爱国.融资融券对股价特质性波动的影响机理研究:基于双重差分模型的检验.管理世界,2014,(8):30—43.

谢继蕴.中国上市公司盈余管理制约因素的研究现状.中国管理信息化,2009,(9):67—69.

谢军,杨春鹏.投资者情绪影响下资本资产定价的区制性.系统工程,2015,(1):24—30.

许红伟,陈欣.我国推出融资融券交易促进了标的股票的定价效率吗?:基于双重差分模型的实证研究.管理世界,2012,(5):52—61.

杨忻,陈展辉.中国股市三因子资产定价模型实证研究.数量经济技术经济研究,2013,(12):137—141.

姚爽,黄玮强,庄新田.金融创新产品营销策略对产品扩散的影响研究.统计与决策,2015,(7):167—170.

余静文.信贷约束、股利分红与企业预防性储蓄动机——来自中国A股上市公司的证据.金融研究,2012,(10):97—110.

张金鑫,王逸.会计稳健性与公司融资约束——基于两类稳健性视角的研究.会计研究,2013,(9):44—50.

张维,翟晓鹏,邹高峰,熊熊.市场情绪、投资者关注与IPO破发.管理评论,2015,(6):160.

张维,张永杰.异质信念、卖空限制与风险资产价格.管理科学学报,2006,(4):58—64.

张璇,周鹏,李春涛.卖空与盈余质量——来自财务重述的证据.金融研究,2016,(8):175—190.

郑振龙,孙清泉.彩票类股票交易行为分析:来自中国A股市场的证据.经济研究,2013,(5):128—140.

周春生,杨云红. 中国股市的理性泡沫.经济研究,2002,(7):33—40.

周立,王子明. 中国各地区金融发展与经济增长实证分析:1978—2000.金融研究,2002,(10):1—13.

Abarbanell, J. S. Do Analysts' Earnings Forecasts Incorporate Information in Prior Stock Price Changes?. *Journal of Accounting and Economics*,1991,14(2):147-165.

Acemoglu, D., and F. Zilibotti. Was Prometheus Unbound by Chance: Risk, Diversification, and Growth. *Journal of Political Economy*,1997,105(4):709-775.

Ackert, L. F., N. Charupat, B. K. Church, and R. Deaves. Bubbles in Experimental Asset Markets: Irrational Exuberance no more. Working Paper, Federal Reserve Bank of Atlanta,2002.

Ackert, L. F., N. Charupat, B. K. Church, and R. Deaves. Margin, Short Selling, and Lotteries in Experimental Asset Markets. *Southern Economic Journal*,2006,73(2):419-436.

Adcock, C., X. Hua, K. Mazouz, and S. Yin. Does the Stock Market Reward Innovation? European Stock Index Reaction to Negative News during the Global Financial Crisis. *Journal of International Money and Finance*,2014, 49(6):470-491.

Admati, A. R., and P. Pfleiderer. The Wall Street Walk and Shareholder Activism: Exit as a Form of Voice. *Review of Financial Studies*,2009,22(7):2645-2685.

Aghion, P., N. Bloom, R. Blundell, R. Griffith, and P. Howitt. Competition and Innovation: An Inverted-U Relationship. *Quarterly Journal of Economics*, 2005, 120 (2): 701-728.

Aghion, P., P. Baccetta, and A. Banerjee. Financial Development and the Instability of Open Economies. *Journal of Monetary Economics*, 2004, 51 (6): 1077-1106.

Aitken M. J., A. Frino, M. S. McCorry, and P. L. Swan. Short Sales Are Almost Instantaneously Bad News: Evidence from the Australian Stock Exchange. *Journal of Finance*, 1998, 53 (6): 2205-2223.

Aitken, M., and A. Frino. The Determinations of Market Bid Ask Spreads on the Australian Stock Exchange: Cross-section Analysis. *Accounting & Finance*, 1996, 36: 51-63.

Ajinkya, B., S. Bhojraj, and P. Sengupta. The Association between Outside Directors, Iinstitutional Investors and the Properties of Management Earnings Forecasts. *Journal of Accounting Research*, 2005, 43 (2): 343-376.

Alexander, G. J., and M. A. Peterson. The Effect of Price Tests on Trader Behavior and Market Quality: An Analysis of Reg SHO. *Journal of Financial Markets*, 2008, 11 (1): 84-111.

Ali, A., A. Klein, and J. Rosenfeld. Analysts' Use of Information about Permanent and Transitory Earnings Components in Forecasting Annual EPS. *The Accounting Review*, 1992, 67(1): 183-198.

Allen, F., and D. Gale. Optimal Security Design. *Review of Financial Studies, 1988, (3): 229-263.

Allen, F., and D. Gale. Arbitrage, Short Sales, and Financial Innovation. *Econometrica*, 1991, (4): 1041-1068.

Allen, F., S. Morris, and A. Postlewaite. Finite Bubbles with Short Sale Constraints and Asymmetric Information. *Journal of Economic Theory*, 1993, 61(2): 206-229.

Allen, G., and D. Gale. Limited Market Participation and Volatility of Asset Prices. *American Economic Review*, 1994, 84 (4): 933-955.

Almeida, H., M. Campello, and M. S. Weisback. The Cash Flow Sensitivity of Cash. *Journal of Finance*, 2004, 59 (4): 1777-1804.

Amin, K. I., and V. K. Ng. Inferring Future Volatility from the Information in Implied Volatility in Eurodollar Options: A New Approach. *The Review of Financial Studies*, 1997, 10 (2): 333-367.

Angelis, D. D., G. Grullon, and S. Michenaud. Downside Risk and the Design of CEO Incentives: Evidence from a Natural Experiment. Working Paper, Rice University, 2013.

Anufriev, M., and J. Tuinstra. The Impact of Short-selling Constraints on Financial Market Stability in a Heterogeneous Agents Model. *Journal of Economic Dynamics & Control*, 2013, 37 (5): 1523-1543.

Arcandet, J., E. Berkes, and U. Panizza. Too Much Finance? IMF Working Paper, 2012: 12-161.

Arias, A., G. D. Hansen, and L. E. Ohanian. Why Have Business Cycle Fluctuations Become Less Volatile? *Economic Theory*, 2007, (1): 43-58.

Asquith, P., P. A. Pathak, and J. R. Ritter. Short Interest, Institutional Ownership and Stock Returns. *Journal of Financial Economics*, 2005, 78 (2): 243-276.

Awrey, D. Toward a Supply-side Theory of Financial Innovation. *Journal of Comparative Economics*, 2013, (2): 401-419.

Bae, S. C., T. H. Kwon, and J. W. Park. Futures Trading, Spot Market Volatility, and Market Efficiency: The Case of the Korean Index Futures Markets. *The Journal of Futures Markets*, 2004, (12): 1195.

Bagehot, W. The Only Game in Town. *Financial Analysis Journal*, 1971, 27 (2): 12-14.

Baginski, S. P., J. M. Hassell, and M. D. Kimbrough. The Effect of Legal Environment on Voluntary Disclosure: Evidence from Management Earnings Forecasts Issued in US and Canadian Markets. *The Accounting Review*, 2002, 77 (1): 25-50.

Baginski, S. P., J. M. Hassell, and M. D. Kimbrough. The Effect of Legal Environment on Voluntary Disclosure: Evidence from Management Earnings Forecasts Issued in US and Canadian Markets. *The Accounting Review*, 2002, 77 (1): 25-50.

Bai, Y., E. C. Chang, and J. Wang. Asset Prices under Short-sale Constraints. Working Paper, University of Hong Kong and

MIT,2006.

Bamber, L. S., and Y. S. Cheon. Discretionary Management Earnings Forecast Disclosures: Antecedents and Outcomes Associated with Forecast Venue and Forecast Specificity Choices. *Journal of Accounting Research*,1998,36(2):167-190.

Barber, B. M., and T. Odean. Online Investors: Do the Slow Die First? *Review of Financial Studies*,2002,15(2):455-487.

Barber, B. M., and T. Odean. Trading is Hazardous to Your Wealth: The Common Stock Investment Performance of Individual Investors. *Journal of Finance*,2000,(2):773-806.

Barber, B. M., and T. Odean. All That Glitters: The Effect of Attention and News on the Buying Behavior of Individual and Institutional Investors. *Review of Financial Studies*,2008,(2):785-818.

Barber, B. M., T. Odean, and N. Zhu. Do Retail Trades Move Markets?. *Review of Financial Studies*,2009,(1):151-186.

Barron, O. E., C. O. Kile, and T. B. O'Keefe. MD & A Quality as Measured by the SEC and Analysts' Earnings Forecasts. *Contemporary Accounting Research*,1999,16(1):75-109.

Battalio, R., and P. Schultz. Options and the Bubble. *Journal of Finance*,2006,61(5):2071-2102.

Bauer, R., M. Cosemans, and P. Eichholtz. Option Trading and Individual Investor Performance. *Journal of Banking and Finance*,2009,(4):731-746.

Bawa V. S., E. J. Elton, and M. J. Gruber. Simple Rules for

Optimal Portfolio Selection in a Stable Paretian Market. *Journal of Finance*, 1979, 34 (4): 1041-1047.

Beber, A., and M. Pagano. Short-selling Bans around the World: Evidence from the 2007-2009 Crisis. *Journal of Finance*, 2013, 68 (2): 343-381.

Beck, T., A. Demirgüç-Kunt, and R. Levine. Bank Competition and Stability: Cross-country Heterogeneity. *Journal of Financial Intermediation*, 2012, 22(2).

Beck, T., T. Chen, and C. Lin. Financial Innovation: The Bright and the Dark Sides. *Journal of Banking and Finance*, 2016, 72 (8): 28-51.

Bekaert, G., C. R. Harvey, and C. Lundblad. Does Financial Liberalization Spur Growth?. *Journal of Financial Economics*, 2005, (1): 3-55.

Berger, A. N.. The Efficiency Effects of a Single Market for Financial Services in Europe. *European Journal of Operational Research*, 2003, (3): 466-481.

Beyer, A., D. A. Cohen, T. Z. Lys, and B. R. Walther. *The Financial Reporting Environment: Review of the Recent Literature*. Social Science Electronic Publishing, 2010.

Bhattacharyya, S., and V. Nanda. Client Discretion, Switching costs, and Financial Innovation. *Review of Financial Studies*, 2000, (4): 1101-1127.

Bhojraj, S, and B. Swaminathan. How Does the Corporate Bond

Market Value Capital Investments and Accruals. *Review of Accounting Studies*, 2009, 14 (1): 31-62.

Biais, B., and M. Weber. Hindsight Bias, Risk Perception, and Investment Performance. *Management Science*, 2009, 55 (6): 1018-1029.

Blair, M. M.. Financial Innovation, Leverage, Bubbles and the Distribution of Income. *Vanderbilt Public Law Research Paper*, 2010, (10-40): 225-311.

Boehmer, E., and J. Wu. Short Selling and the Price Discovery Process. *Review of Financial Studies*, 2013, 26 (2): 287-322.

Boehmer, E., C. Jones, and X. Zhang. Unshackling Short Sellers: The Repeal of the Uptick Rule. Working Paper, Columbia Business School, 2008.

Boehmer, E., C. M. Jones, and X. Zhang, Boehmer, E., C. M. Jones, and X. Zhang. What Do Short Sellers Know? Working Paper, EDHEC-Risk Institute, 2012.

Boehmer, E., Z. R. Huszar, and B. D. Jordan. The Good News in Short Interest. *Journal of Financial Economics*, 2010, 96 (1): 80-97.

Boehmer, R. D., B. R. Danielsen, and S. M. Sorescu. Short-sale Constraints, Differences of Opinion, and Overvaluation. *Journal of Financial and Quantitative Analysis*, 2006, 41 (2): 455-487.

Bohl. M. T., C. A. Salm, and M. Schuppli. Price Discovery and Investor Structure in Stock Index Futures. *Journal of Futures Markets*, 2011, 31 (3): 282-306.

Bond, P., A. Edmans, and I. Goldstein. The Real Effects of Financial Markets. *The Annual Review of Financial Economics*, 2012, 4 (1): 339-360.

Boulton, T. J., and M. V. Braga-Alves. The Skinny on the 2008 Naked Short-sale Restrictions. *Journal of Financial Markets*, 2010, 13: 397-421.

Boz, E., and E. G. Mendoza. Financial Innovation, the Discovery of Risk, and the U. S. Credit Crisis. *Journal of Monetary Economics*, 2014, 62 (C): 1-22.

Brent, A., D. Morse, and E. Kay Stice. Short Interest: Explanations and Test. *Journal of Financial and Quantitative Analysis*, 1990, 25 (2): 273-289.

Bris, A., W. N. Goetzmann, and N. Zhu. Efficiency and the Bear: Short Sales and Markets around the World. *Journal of Finance*, 2007, 62 (3): 1029-79.

Brown, G., and N. Kapadia. Firm-specific risk and equity market development. *Journal of Financial Economics*, 2007, 84 (2): 358-388.

Brown, J. R., S. M. Fazzari, and B. C. Petersen. Financing Innovation and Growth: Cash Flow, External Equity, and the 1990s R&D Boom. *Journal of Finance*, 2009, 64 (1): 151-185.

Brunnermeier, M. K. Deciphering the Liquidity and Credit Crunch 2007-2008. *Journal of Economic Perspectives*, 2009, 23 (1): 77-100.

Brunnermeier, M. K., and L. H. Pedersen. Predatory Trading. *Journal of Finance*, 2005, 60 (4): 1825-1863.

Burth, S., T. Kraus, and H. Wohlwend. The Pricing of Structured Products in the Swiss Market. *The Journal of Derivatives*, 2001, 9 (2): 30-40.

Calderón, C., and L. Liu. The Direction of Causality between Financial Development and Economic Gowth. *Journal of Development Economics*, 2003, 72 (1): 321-334.

Chakrabarty, B., and A. Shkilko. Information Transfers and Learning in Financial Markets: Evidence from Short Selling Around Insider Sales. *Journal of Banking & Finance*, 2013, 37(5): 1560-1572.

Chan, Y. C., and K. C. J. Wei. Price and Volume Effects Associated with Derivative Warrant Issuance on the Stock Exchange of Hong Kong. *Journal of Banking and Finance*, 2001, 25 (8): 1401-1426.

Chang, E. C., J. W. Cheng, and Y. Yu. Short-sales Constraints and Price Discovery: Evidence from the Hong Kong Market. *Journal of Finance*, 2007, 62 (5): 2097-2121.

Chang, E. C., Y. Luo, and J. Ren. Short-selling, Margin-trading, and Price Efficiency: Evidence from the Chinese Market. *Journal of Banking & Finance*, 2014, 48 (11): 411-424.

Chen, J., H. Harrison, and S. Jeremy. Breadth of Ownership and Stock Returns. *Journal of Financial Economics*, 2002, 66 (2-3): 171-205.

Chen, Q. and W. Jiang. Analysts' Weighting of Private and Public

Information. *Review of Financial Studies*,2006,19（1）：319-355.

Chen, S., and D. A. Matsumoto. Favorable Versus Unfavorable Recommendations: The Impact on Analyst Access to Management-Provided Information. *Journal of Accounting Research*, 2006, 44（4）：657-689.

Cheng, Q., T. Luo, and H. Yue. Managerial Incentives and Management Forecast Precision. *The Accounting Review*, 2013, 85（5）：1575-602.

Choi, J. H., L. A. Myers, Y. Zang, and D. A. Ziebart. The Roles that Forecast Surprise and Forecast Error Play in Determining Management Forecast Precision. *Accounting Horizons*, 2010, 24（2）：165-188.

Chordia, T., R. Roll, and A. Subrahmanyam. Liquidity and Market Efficiency. *Journal of Financial Economics*, 2008,（2）,87：249-268.

Christophe, S. E., M. G. Ferri, and J. Hsieh. Informed Trading before Analyst Downgrades: Evidence from Short Sellers. *Journal of Financial Economics*,2010,95（1）：85-106.

Christophe, S. E., M. G. Ferri, and J. J. Angel. Short-selling Prior to Earnings Announcements. *Journal of Finance*,2004,59（4）：1845-1875.

Chung, D., and K. Hrazdil. Liquidity and Market Efficiency: A Large Sample Study. *Journal of Banking & Finance*,2010,34（10）：2346-2357.

Chung, S. L. , W. R. Liu, and W. C. Tsai. The Impact of Derivatives Hedging on the Stock Market: Evidence from Taiwan's Covered Warrants Market. *Journal of Banking and Finance*, 2014, 42 (1): 123-133.

Corsi, F. , S. Marmi, and F. Lillo. When Micro Prudence Increases Macro Risk: The Destabilizing Effects of Financial Innovation, Leverage, and Diversification. *Operations Research*, 2016, 64 (2): 1073-1088.

Corwin, S. A. , and J. F. Coughenour. Limited Attention and the Allocation of Effort in Securities Tading. *Journal of Finance*, 2008, 63 (6): 3031-3067.

Corwin, S. A. , and P. Schultz. A Simple Way to Estimate Bid-ask Spreads from Daily High and Low Prices. *Journal of Finance*, 2012, 67 (4): 719-760.

Cowen, A. , B. Groysberg, and P. Healy. Which Types of Analyst Firms are More Optimistic?. *Journal of Accounting and Economics*, 2006, 41(1-2): 119-146.

Danielsen, B. R. , and S. M. Sorescu. Why Do Option Introductions Depress Stock Prices? A Study of Diminishing Short Sale Constraints. *Journal of Financial and Quantitative Analysis*, 2001, 36 (4): 451-484.

De Angelis, D. , G. Grullon, and S. Michenaud. The Effects of Short-selling Threats on Incentive Contracts: Evidence from an Experiment. *Review of Financial Studies*, 2017, 30 (7-8): 262-263.

De Bondt, W. F. M., and R. H. Thaler. Do Security Analysts Overreact?. *The American Economic Review*, 1990, 41 (1-2): 52-57.

Dechow, P. M., R. G. Sloan, and A. P. Sweeney. Causes and Consequences of Earnings Manipulation: An Analysis of Firms Subject to Enforcement Actions by the SEC. *Contemporary Accounting Research*, 1996, 13 (1): 1-36.

Dechow, P., R. G. Sloan, and A. P. Sweeney. Detecting Earnings Management. *The Accounting Review*, 1995, 70 (2): 193-225.

Dell'Ariccia, G., I. Deniz, and L. A. Laeven. Credit Booms and Lending Standards: Evidence from the Subprime Mortage Market. Working Paper, International Monetary Fund, 2008.

Dennis, P. J., and D. Strickland. Who Blinks in Volatile Markets, Individuals or Institutions. *Journal of Finance*, 2002, 57 (5): 1923-1950.

Desai, H., and B. V. Balachandran. An Investigation of the Informational Role of Short Interest in the Nasdaq Market. *Journal of Finance*, 2002, 57 (5): 2263-2287.

Diamond, D. W., and R. E. Verrecchia. Constraints on Short-selling and Asset Price Adjustment to Private Information. *Journal of Financial Economics*, 1987, 18 (2): 277-311.

Diether, K., K. H. Lee, and I. M. Werner. Short-sale Strategies and Return Predictability. *Review of Financial Studies*, 2009, 22 (2): 575-607.

Dimson, E. Risk Measurement When Shares Are Subject to Infrequent Trading. *Journal of Financial Economics*, 1979, (7): 197-226.

Dittmar, A. K., and J. Mahrt-Smith. Corporate Governance and the Value of Cash Holdings. *Social Science Electronic Publishing*, 2005, 83 (3): 599-634.

Dittmar, A., and J. Mahrt-Smith. Corporate Governance and the Value of Cash Holdings. *Journal of Financial Economics*, 2007, 83 (3): 599-634.

Dittmar, A., J. Mahrt-Smith, and H. Servaes. International Corporate Governance and Corporate Cash Holdings. *Journal of Financial Quantitative Analysis*, 2003, 38 (1): 111-133.

Doherty, N. A. Innovations in Managing Catastrophe Risk. *Journal of Risk and Insurance*, 1997, 64 (4): 713-718.

Dorn, D., and P. Sengmueller. Trading as Entertainment. *Management Science*, 2007, 55 (4): 591-603.

Drake, M. S., L. Rees, and E. P. Swanson. Should Investors Follow the Prophets or the Bears? Evidence on the Use of Public Information by Analysts and Short Sellers. *The Accounting Review*, 2011, 86 (1): 101-130.

Duffie, D. Innovations in Credit Risk Transfer: Implications for Financial Stability. *Social Science Electronic Publishing*, 2008, 68 (3): 1-18.

Duffie, D., and R. Rahi. Financial Market Innovation and Security Design: An introduction. *Journal of Economic Theory*, 1995, 65 (1): 1-42.

Duffie, D., N. Garleanu, and L. H. Pedersen. Securities Lending, Shorting, and Pricing. *Journal of Financial Economics*, 2002, 66 (2-3): 307-339.

Dynan, K. E., D. W. Elmendorf, and D. E. Sichel. Can Financial Innovation Help to Explain the Reduced Volatility of Eeconomic Activity?. *Journal of Monetary Economics*, 2006, (1): 123-150.

Easley, D., N. M. Kiefer, and M. O'Hara. Cream-skimming or Profit-sharing? The Curious Role of Purchased Order Flow. *Journal of Finance*, 1996, 51 (3): 811-833.

Easterwood, J. C., and S. R. Nutt. Inefficiency in Analysts' Earnings Forecasts: Systematic Misreaction or Systematic Optimism?. *Journal of Finance*, 1999, 54 (5): 1777-1797.

Elul, R. Welfare Effects of Financial Innovation in Incomplete Markets Economies with Several Consumption Goods. *Journal of Economic Theory*, 1995, (1): 43-78.

Fama, E. Agency Problems and the Theory of the Firm. *Journal of Political Economy*, 1980, 88 (2): 288-307.

Fama, E. F., and K. R. French. Common Risk Factors in the Returns on Stocks and Bonds. *Journal of Financial Economics*, 1993, 33 (1): 3-56.

Fama, E. F., and K. R. French. Size, Value and Momentum in International Stock Returns. *Journal of Financial Economics*, 2012, 105 (3): 457-472.

Fang, L., and A. Yasuda. The Effectiveness of Reputation as a

Disciplinary Mechanism in Sell-side Research. *Review of Financial Studies*,2009,22(9):3735-3777.

Fang, V. W., A. H. Huang, and J. M. Karpoff. Short Selling and Earnings Management: A Controlled Experiment. *Journal of Finance*,2016,71(3):1251-1294.

Faulkender, M., and R. Wang. Corporate Financial Policy and the Value of Cash, *Journal of Finance*,2006,61(4):1957-1990.

Fellner, G., and E. Theissen. Short Sale-constraints and Divergence of Opinion: Evidence from the Laboratory. Working Paper, Center for Financial Studies,2011.

Figlewski, S. The Information Effects of Restrictions on Short Sales: Some Empirical Evidence. *Journal of Financial and Quantitative Analysis*,1981,16(4):14.

Figlewski, S., and G. P. Webb. Options, Short Sales, and Market Completeness. *Journal of Finance*, 1993,48(2):761-777.

Fostel, A., and J. Geanakoplos. Financial Innovation, Collateral and Investment. *American Economic Journal-Macroeconomics*,2016,8(1):242-284.

Frésard, L., and C. Salva. The Value of Excess Cash and Corporate Governance: Evidence from US cross-listings. *Journal of Financial Economics*,2010,98(2):359-384.

Frino, A., S. Lecce, and A. Lepone. Short-sales Constraints and Market Quality: Evidence from the 2008 Short-sales Bans, International Review of Financial Analysis,2011,20(4):225-236.

Gai, P., S. Kapadia, S. Millard, and A. Perez. Financial Innovation, Macroeconomic Stability and Systemic Crises. *The Economic Journal*, 2008, 118 (3): 401-426.

Gallmeyer, M., and B. Hollifield. An Examination of Heterogeneous Beliefs with a Short-sale Constraint in a Dynamic Economy. *Review of Finance*, 2008, 12 (2): 323-364.

Garber, P. The Target Mechanism: Will it Propagate or Stifle a Stage III Crisis?. *Carnegie-Rochester Conference Series on Public Policy*, 1999, 51 (10): 195-220.

Gaspar, J. M., and M. Massa. Idiosyncratic Volatility and Product Market Competition. *Journal of Business*, 2006, 79 (6): 3125-3152.

Gennaioli, N., A. Shleifer, and R. Vishny. Neglected Risks, Financial Innovation, and Financial Fragility. *Journal of Financial Economics*, 2012, (3): 452-468.

Gerardi, K. S., H. S. Rosen, and P. S. Willen. The Impact of Deregulation and Financial Innovation on Consumers: The Case of the Mortgage Market. *Journal of Finance*, 2010, 65 (1): 333-360.

Giroud, X., and H. M. Mueller. Does Corporate Governance Matter in Competitive Industries?. *Journal of Financial Economics*, 2010, 95 (3): 312-331.

Goldstein, I., and A. Guembel. Manipulation and the Allocational Role of prices. *Review of Economic Studies*, 2008, 75 (1): 133-164.

Goodman, T. H., N. Monica, S. Nemit, and W. D. Hal. Management Forecast Quality and Capital Investment Decisions. *The Accounting Review*, 2013, 89 (1): 331-365.

Gorodnichenko, Y., and M. Schnitzer. Financial Constraints and Innovation: Why Poor Countries Don't Catch Up. *Journal of the European Economic Association*, 2013, 11 (5): 1115-1152.

Gregoriou, G.. *Handbook of Short Selling*. Elsevier, 2011.

Griffin, J. M., P. J. Kelly, and F. Nardari. Do Market Efficiency Measures Yield Correct Inferences? A Comparison of Developed and Emerging Markets. *Review of Financial Studies*, 2010, 23 (8): 3225-3277.

Grinblatt, M., and F. A. Longstaff. Financial Innovation and the Role of Derivative Securities: An Empirical Analysis of the Treasury STRIPS Program. *Journal of Finance*, 2000, (3): 1415-1436.

Grullon, G., S. Michenaud, and J. P. Weston. The Real Effects of Short-selling Constraints. *Review of Financial Studies*, 2015, 28 (6): 1737-1767.

Grullon, G., S. Michenaud, and J. Weston. The Real Effects of Short-selling Constraints. Working Paper, Rice University, 2012.

Harrison, J. Michael, and D. M. Kreps. Speculative Investor Behavior in a Stock Market with Heterogeneous Expectations. *The Quarterly Journal of Economics*, 1978, 92 (2): 323-336.

Hart, O. D. The Market Mechanism as an Incentive Scheme. *The Bell Journal of Economics*, 1983, 14 (2): 366-382.

Haruvy, E., L. Yaron, and C. N. Noussair. Traders' Expectations in Asset Markets: Experimental Evidence. *American Economic Review*,2007,97 (5): 1901-1920.

He, J. , and X. Tian. SHO Time for Innovation: The Real Effect of Short Sellers. Working Paper, Indiana University,2015.

Healy P. M. , and K. G. Palepu. Information Asymmetry, Corporate Disclosure, and the Capital Markets: A Review of the Empirical Disclosure Literature. *Journal of Accounting and Economics*,2001,31 (1): 405-40.

Hendershott, P. , and J. D. Shilling. The Impact of the Agencies on Conventional Fixed-rate Mortgage Yields. *The Journal of Real Estate Finance and Economics*,1989,2 (2): 101-115.

Henderson, B. J. , and N. D. Pearson. The Dark Side of Financial Innovation: A Case Study of the Pricing of a Retail Financial Product. *Journal of Financial Economics*,2011,(2): 227-247.

Henry, O. , and M. D. McKenzie. The Impact of Short-selling on the Price-volume Relationship: Evidence from Hong Kong. *Journal of Business*,2006,79 (2): 671-692.

Hilary, G. , and L. Menzly. Does Past Success Lead Analysts to Become Overconfident?. *Management Science*,2006,52 (4): 489-500.

Hirshleifer, D. Investor Psychology and Asset Pricing. *Journal of Finance*,2001,56 (4): 1533-1597.

Hirshleifer, D. , S. H. Teoh, and J. J. Yu. Short Arbitrage, Return Asymmetry and the Accrual Anomaly. *Review of Financial Studies*,2011,24 (7): 2429-2461.

Hirst, D. E., L. Koonce, and S. Venkataraman. Management Earnings Forecasts: A Review and Framework. *Accounting Horizons*, 2008, 22 (3): 315-338.

Holmstrom, B.. Moral Hazard in Teams. *The Bell Journal of Economics*, 1982, 13 (2): 324-340.

Hon, T. Y. The Behavior of Small Investors in the Hong Kong Derivatives Markets: A Factor Analysis. *Journal of Risk and Financial Management*, 2012, 5 (1): 59-77.

Hong, H., and J. C. Stein. Difference of Opinion, Short-sales Constraints and Market Crashes. *Review of Financial Studies*, 2003, 16 (2): 487-525.

Hong, H., and J. D. Kubik. Analyzing the Analysts: Career Concerns and Biased Earnings Forecasts. *Journal of Finance*, 2003, 58 (1): 313-351.

Hong, H., J. Scheinkman, and W. Xiong. Asset Float and Speculative Bubbles. *Journal of Finance*, 2006, 61 (3): 1073-1117.

Hou, K., and T. J. Moskowitz. Market Frictions, Price Delay, and the Cross-section of Expected Returns. *Review of Financial Studies*, 2004, 18 (3): 981-1020.

Houston, J., C. Lin, P. Lin, and Y. Ma. Creditor Rights, Information Sharing, and Bank Risk Taking. *Journal of Financial Economics*, 2010, 96(4): 85-512.

Hsu, P. H., X. Tian, and Y. Xu. Financial Development and Innovation: Cross-country Evidence. *Journal of Financial Economics*,

2014,(1):116-135.

Hung, B. W. S., and J. K. W. Fung. Short Sales Restrictions and the Impulse Response Behavior of Index-futures Price. *BRC Papers on Financial Derivatives and Investing Strategies*,2001,(9).

Irvine, P. J.. Analysts' Forecasts and Brokerage-firm Trading. *The Accounting Review*,2004,79 (1):125-149.

Jameson, M., S. Dewan, and C. F. Sirmans. Measuring Welfare Effects of "Unbundling" Financial Innovations: The Case of Collateralized Mortgage Obligations. *Journal of Urban Economics*,1992,(1):1-13.

Jarrow, R.. Heterogeneous Expectations, Restrictions on Short Sales, and Equilibrium Asset Prices. *Journal of Finance*,1980,35 (5):1105-1113.

Jarrow, R. A., and M. O'Hara. Primes and Scores: An Essay on Market Imperfections. *Journal of Finace*,1989,44 (5):1263-1287.

Jones, C. M., and O. A. Lamont. Short-sale Constraints and Stock Returns. *Journal of Financial Economics*,2002,66 (11):207-239.

Jones, J. Earnings Management during Import Relief Investigations. *Journal of Accounting Research*,1991,29 (2):193-228.

Karamanou, I., and N. Vafeas. The Association between Corporate Boards, Audit Committees, and Management Earnings Forecasts: An Empirical Analysis. *Journal of Accounting Research*,2005,43 (3):453-486.

Karpoff, J. M., and X. Lou. Short Sellers and Financial Misconduct. *Journal of Finance*, 2010, 65 (5): 1879-1913.

Ke, Y., K. Lo, J. Sheng, and J. L. Zhang. Does Short Selling Mitigate Optimism in Financial Analyst Forecast? Evidence from a Randomized Experiment. Working Paper, 2015.

Keim, D. B., and M. Ananth. Anatomy of the Trading Process Empirical Evidence on the Behavior of Institutional Traders. *Journal of Financial Economics*, 1995, 37(3): 371-398.

Keys, B. J., T. Mukherjee, A. Seru, and V. Vig. Did Securitization Lead to Lax Screening? Evidence from Subprime Loans. *Quarterly Journal of Economics*, 2010, 125 (1): 307-362.

Kim, W. H. Short Sales Restrictions and Volatility: The Case of the Stock Exchange of Singapore. *Pacific-Basin Finance Journal*, 1996, 4(4): 377-391.

King, R. R. Heterogeneous Expectations Restrictions on Short Sales and Equilibrium Asset Prices. *Journal of Finance*, 1980, 35 (5): 1105-1113.

King, R., and R. Levine. Finance, Entrepreneurship, and Growth: Theory and Evidence. *Journal of Monetary Economics*, 1993, 32 (3): 513-542.

Koonce, L. L., M. G. Lipe, and M. L. Mcanally. Investor Reactions to Derivative Use: Experimental Evidence. *Social Science Electronic Publishing*, 2006, (2): 1-43.

Kraus, A., and A. Rubin. The Effect of Short Sale Vonstraint

Removal on Volatility in the Presence of Heterogeneous Beliefs. *International Review of Finance*, 2003, 4 (3): 171-188.

Krugman, P. Just Say AAA. *New York Times*, 2007, 2 July.

Kumar, A.. Who Gambles in the Stocks Market. *Journal of Finance*, 2009, 64 (4): 1889-1933.

Kumar, A., and C. Lee. Retail Investor Sentiment and Return Comovements. *Journal of Finance*, 2006, 61 (5): 2451-2486.

Kyle, A. S. Continuous Auctions and Insider Trading. *Econometrica*, 1985, 53 (6): 1315-1335.

Laeven, L., R. Levine, and S. Michalopoulos. Financial Innovation and Endogenous Growth. *Journal of Financial Intermediation*, 2015, (1): 1-24.

Lakonishok, J., I. Lee, N. D. Pearson, and A. M. Poteshman. Option Market Activity. *Review of Financial Studies*, 2007, (3): 813-857.

Lei, V., C. N. Noussair, and C. R. Plott. Nonspeculative Bubbles in Experimental Asset Markets: Lack of Common Knowledge of Rationality vs. Actual Irrationality. *Econometrica*, 2001, 69 (4): 831-859.

Leland, H. E. Insider Trading: Should It Be Prohibited. *Journal of Political Economics*, 1992, 100: 859-887.

Lerner, J. The New Financial Thing: The Origins of Financial Innovations. *Journal of Financial Economics*, 2006, (2): 223-255.

Lerner, J., and P. Tufano. The Consequences of Financial Innovation: A Counterfactual Research Agenda. *Annual Review of Financial Economics*, 2011, (3): 41-85.

Levine, R., N. Loayza, and T. Beck. Financial Intermediation and Growth: Causality and Causes. *Journal of Monetary Economics*, 2000, (1): 31-77.

Li, X., H. Xie, L. Chen., J. Wang, and X. Deng. News Impact on Stock Price Return Via Sentiment Analysis. *Knowledge-Based Systems*, 2014, 69 (4): 14-23.

Li, Y., and L. Zhang. Short Selling Pressure, Stock Price Behavior, and Management Forecast Precision: Evidence from a Natural Experiment. *Journal of Accounting Research*, 2015, 53 (1): 79-117.

Liao, L., Z. Li, W. Zhang, and N. Zhu. Does the Location of Stock Exchange Matter? A Within-country Analysis. *Pacific-Basin Finance Journal*, 2012, 20 (1), 561-582.

Liao, L., Z. Li., W. Zhang, and N. Zhu. Exercise to Lose Money? Irrational Exercise Behavior from the Chinese Warrants Market. *Journal of Futures Markets*, 2014, 34 (5): 399-419.

Liao, L., Z. Li, W. Zhang, and N. Zhu. Security Supply and Bubbles: A Natural Experiment from the Chinese Warrants Market. The 9th Chinese Finance Annual Meeting, 2012.

Lin, F. Y., C. Y. Chien, D. Y. Liu, and Y. S. Huang. Short Sales Constraints and Stock Price Behavior: Evidence from the Taiwan Stock Exchange. *Investment Management and Financial Innovation*, 2010, (7): 24-35.

Liu, Q., and Z. Lu. Corporate Governance and Earnings Management in the Chinese Listed Companies: A Tunneling Perspective. *Journal of Corporate Finance*, 2007, 13 (5): 881-906.

Louis, H., T. Z. Lys, and A. X. Sun. Conservatism, Analyst Ability, and Forecast Error: Evidence on Financial Statement Users' Ability to Account for Conservatism. Working Paper, SSRN, 2014.

Macey, J. R., M. Mitchell, and J. Netter. Restrictions on Short Sales: An Analysis of the Uptick Rule and Its Role in View of the October 1987 Stock Market Crash. *Cornell Law Review*, 1988, 74 (1): 799-835.

Markowitz, H. Portfolio Selection. *Journal of Finance*, 1952, 7 (1): 77-91.

Massa, M., B. Zhang, and H. Zhang. The Invisible Hand of Short Selling: Does Short Selling Discipline Earnings Manipulation. *INSEAD Working Papers Collection*, 2013.

Massa, M., B. Zhang, and H. Zhang. The Invisible Hand of Short Selling: Does Short Selling Discipline Earnings Management? *Social Science Electronic Publishing*, 2015, 28 (10): 1701-1736.

Massa, M., W. Qian, W. Xu, and H. Zhang: Competition of the Informed: Does the Presence of Short Sellers Affect Insider Selling? *Journal of Financial Economics*, 2015, 118 (2): 268-288.

Mayew, W. J. Evidence of Management Discrimination among Analysts during Earnings Conference Calls. *Journal of Accounting Research*, 2008, 46 (3): 627-659.

Mayhew, S., and V. T. Mihov. Short Sale Constraints, Overvaluation and the Introduction of Options. Working Paper, Texas Christian University, 2004.

McKinnon, R. I. *Money and Capital in Economic Development*. Washington D. C.: Brookings Institution, 1973.

Merton, R. C. Financial Innovation and Economic Performance. *Journal of Applied Corporate Finance*, 1992, (4): 12-22.

Michaely, R., K. L. Womack. Conflict of Interest and the Credibility of Underwriter Analyst Recommendations. *Review of Financial Studies*, 1999, 12 (4): 653-686.

Miller, E. M. Risk, Uncertainty, and Divergence of Opinion. *Journal of Finance*, 1977, 32 (4): 1151-1168.

Miller, M. H. Financial Innovation: Achievements and Prospects. *Journal of Applied Corporate Finance*, 1986, (4): 4-12.

Minsky, H. P. The Financial Instability Hypothesis: An Interpretation of Keynes and an Alternative to "Standard" Theory. *Nebraska Journal of Economics and Business*, 1977, 20 (1): 20-27.

Morck, R., B. Yeung, and W. Yu. The Information Content of Stock Markets: Why Do Emerging Markets Have Synchronous Stock Price Movement?. *Journal of Financial Economics*, 2000, 58 (1-2): 215-260.

Morris, S., and H. S. Shin. Unique Equilibrium in a Model of Self-fulfilling Currency Attacks. *American Economic Review*, 1998, 88 (6): 587-597.

Myers, S. C., and R. G. Rajan. The Paradox of Liquidity. *The Quarterly Journal of Economics*, 1998, 113 (3): 733-771.

Nanda, V., and Y. Yun. Financial Innovation and Investor Wealth: A Study of the Poison Put in Convertible Bonds. *Journal of Corporate Finance*, 1996, 3 (1): 1-22.

Ng, J., I. Tuna, and R. Verdi. Management Forecast Credibility and Underreaction to News. *Review of Accounting Studies*, 2013, 18 (4): 956-986.

Noussair, C., R. Stephane, and R. Bernard. Price Bubbles in Laboratory Asset Markets with Constant Fundamental Values. *Experimental Economics*, 2001, (4): 87-105.

O'Brien, P. C. Forecast Accuracy of Individual Analysts in Nine Industries. *Journal of Accounting Research*, 1990, 28 (2): 286-304.

Obstfeld, M. Risk-Taking, Diversification, and Growth. *American Economic Review*, 1994, 84 (5): 1310-1329.

Odean, T. Are Investors Reluctant to Realize Their Losses? *Journal of Finance*, 1998, 53 (5): 1775-1789.

Odean, T. Do Investors Trade Too Much? *Social Science Electronic Publishing*, 1999, 89 (5): 1279-1298.

Ofek, E., M. Richardson, and R. F. Whitelaw. Limited Arbitrage and Short Sales Restrictions: Evidence from the Options Markets. *Journal of Financial Economics*, 2004, 74 (2): 305-342.

Petersen, M. A. and R. G. Rajan. Does Distance Still Matter? The Information Revolution in Small Business Lending. *Journal of*

Finance, 2002, 57 (6): 2533-2570.

Philippas, D. T., and C. Siriopoulos. Influence of Financial Innovation to the Validation of Operational Risk. *Managerial Finance*, 2009, 35 (11): 940-947.

Philippon, T., and A. Reshef. Skill Based Financial Development: Education, Wages and Occupations in the U. S. Financial Fector. NYU Working Paper, 2008.

Pilar, C., and S. Rafael. Does Derivatives Trading Destabilize the Underlying Assets? Evidence from the Spanish Stock Market. *Applied Economics Letters*, 2002, 9 (2): 107-110.

Poteshman, A. M. Underreaction, Overreaction, and Increasing Misreaction to Information in the Options Market. *Journal of Finance*, 2001, 56 (3): 851-876.

Rajan, R. G. Has Finance Made the World Riskier?. *European Financial Management*, 2006, (12): 499-533.

Rioja, F., and N. Valev. Finance and the Source of Growth at Various Stages of Economic Development. *Economic Inquiry*, 2004, 42 (1): 127-140.

Rogalski, R. J., and J. K. Seward. Corporate Issues of Foreign Currency Exchange Warrants: A Case Study of Financial Innovation and Risk Management. *Journal of Finance Economics*, 1991, 30 (2): 347-366.

Rosenbaum, P. R., and D. B. Rubin. The Central Role of the Propensity Score in Observational Studies for Causal Effects. *Biometrika*,

1983,70(4):41-55.

Ross S. A. The Arbitrage Theory of Capital Asset Pricing. *Journal of Economic Theory*,1976,13(3):341-360.

Ross,S. A.. Institutional Markets, Financial Marketing, and Financial Innovation. *Journal of Finance*,1989,44(7):541-556.

Sadka, R., and A. Scherbina. Analyst Disagreement, Mispricing, and Liquidity. *Journal of Finance*, 2007,62(10):2367-2403.

Saffi P. A., and K. Sigurdsson. Price Efficiency and Short Selling. *Review of Financial Studies*, 2011,24(3):821-852.

Scheinkman, J. A., and W. Xiong. Overconfidence and Speculative Bubbles. *Journal of Political Economy*,2003,11(6):1183-1219.

Scherbina, A. Suppressed Negative Information and Future Underperformance. *Review of Finance*,2008,12(3):533-565.

Schipper, K. Analysts' Forecasts. *Accounting Horizons*,1991,5(4):105-121.

Schmidt, K. M. Managerial Incentives and Product Market Competition. *The Review of Economic Studies*,1997,64(2):191-213.

Schmitz, P., M. Glaser, and M. Weber. Individual Investor Sentiment and Stock Returns—What Do We Learn from Warrant Traders?. *SSRN Electronic Journal*,2009,(10):6-12.

Schweitzer, S. *Pharmaceutical Economics and Policy*. New York: Oxford University Press,2006.

Seasholes, M. S., and N. Zhu. Individual Investors and Local Bias. *Journal of Finance*, 2010,65(5):1987-2010.

Shadab, H. B. Hedge Funds and the Financial Crisis. *Mercatus on Poliay*, 2010, 24 (1): 1-4.

Sharp, W. F. A Simplified Model for Portfolio Analysis. *Management Science*, 1963, 9 (2): 277-293.

Shaw, E. S. *Financial Deepening in Economic Development*. New York: Oxford University Press, 1973.

Sirmans, C., and J. Benjamin. Pricing Fixed Rate Mortgages: Some Empirical Evidence. *Journal of Financial Sevices Research*, 1990, (4): 191-202.

Skinner, D. J. Why Firms Voluntarily Disclose Bad News. *Journal of Accounting Research*, 1994, 32 (1): 38-60.

Sortino, F., and R. V. Meer. Downside Risk. *Journal of Portfolio Management*, 1991, 17 (2): 27-31.

Stiglitz, J. E. Prizes and Incentives: Towards a General Theory of Compensation and Competition. *The Bell Journal of Economics*, 1983, 14 (1): 21-43.

Thakor, A. V. Incentives to Innovate and Financial Crises. *Journal of Financial Economics*, 2012, (1): 130-148.

Tirole, J. The Theory of Industrial Organization. Cambridge, MA.: MIT Press, 1988.

Tufano, P. Financial Innovation and First-mover Advantages. *Journal of Financial Economics*, 1989, 25 (2): 213-240.

Tufano, P. Financial Innovation. *Handbook of the Economics of Finance*, 2003, (1): 307-335.

Wagner, W. Financial Development and the Opacity of Banks. *Economics Letters*, 2007, 97 (1): 6-10.

Wang, Y., R. Hua, and Z. Zhang. The Investor Behavior and Futures Market Volatility: A Theory and Empirical Study Based on the OLG Model and High-frequency Data. *China Finance Review International*, 2011, (4): 388-407.

Woolridge, J. R., and A. Dickinson. Short-selling and Common Stock Price. *Financial Analysts Journal*, 1994, 50 (1-2): 20-28.

Wurgler, J., and K. Zhuravskaya. Does Arbitrage Flatten demand Curves for Stocks?. *Journal of Business*, 2002, 75 (4): 583-608.

Yuan, K. Z. Securities Trading under Asymmetric Information and Trading Constraints. Working Paper, University of Michigan, 2004.

Yuan, Y. Market-wide Attention, Trading, and Stock Returns. *Journal of Financial Economics*, 2015, 116 (3): 548-564.